高校艺术类专业
学生管理理论与实践探索

林 琳 著

北京工业大学出版社

图书在版编目（CIP）数据

高校艺术类专业学生管理理论与实践探索 / 林琳著
. — 北京 ：北京工业大学出版社，2024.1重印
ISBN 978-7-5639-7174-9

Ⅰ. ①高… Ⅱ. ①林… Ⅲ. ①艺术学校－高等学校－学生－学校管理－研究－中国 Ⅳ. ①G645.5

中国版本图书馆CIP数据核字（2019）第263687号

高校艺术类专业学生管理理论与实践探索

著　　者：林　琳
责任编辑：李俊焕
封面设计：点墨轩阁
出版发行：北京工业大学出版社
（北京市朝阳区平乐园100号　邮编：100124）
010-67391722（传真）　bgdcbs@sina.com
经销单位：全国各地新华书店
承印单位：三河市元兴印务有限公司
开　　本：710毫米×1000毫米　1/16
印　　张：6.75
字　　数：140千字
版　　次：2021年10月第1版
印　　次：2024年1月第3次印刷
标准书号：ISBN 978-7-5639-7174-9
定　　价：48.00元

作者简介

林琳，女，1985年生，金华职业技术学院讲师，重庆工商大学硕士生，主要研究方向：学生思想政治教育、心理健康教育。近年来主要讲授大学生心理健康教育、大学生职业规划、应用文写作等课程，以第一作者在《吉林教育学院学报》《佳木斯职业学院学报》《才智》等期刊上发表论文。主持市级项目3项，参与校级项目多项，参编教材一部。曾获得金华市第七届教育科研专题论文评比德育类三等奖一次。

前　言

高校学生管理工作是直接关系到高等学校教学与生活秩序以及教育质量的大事，能否对大学生进行正确有效的科学管理，是衡量学校整体管理水平的重要标志。

高校艺术类专业学生是国家未来艺术家的后备力量，对艺术事业的发展有至关重要的作用。艺术类专业学生在思想、行为、心理、专业态度、人文素养等方面有其自身的特点，要求高校教师充分考虑新时代背景下艺术生群体的特征，重视艺术生的差异性，尊重艺术生的个性，制订合理的管理策略，增强艺术类专业学生的管理效果。

本书适合艺术类专业及院校学生管理工作者参考使用，由于作者水平有限，书中难免会有疏漏之处，请广大读者批评指正。

目　录

第一章　高校学生管理工作概述

第一节　大学生管理的内涵和价值

一、大学生管理的内涵

（一）大学生管理的界定

管理，就其字面意义而言，就是管辖、处理的意思。由于管理的涉及面极其广泛，所以人们往往按照某种需要，从某种角度来看待和谈论管理，因此，对管理也就形成了多种不同的解释。

管理是在一定的社会组织中，人们通过决策、计划、组织和控制，有效地利用人力、物力、财力、时间和信息等各种资源来实现预定目标的一种社会活动过程。

大学生管理是高等学校管理的一个重要组成部分，也是高等学校人才培养工作的一个重要环节。因此，大学生管理既具有管理的一般本质，又有其自身的特殊本质。这主要表现在以下几方面。

第一，大学生管理是在高等学校这一特定的社会组织中进行的。

任何管理活动都是在一定的社会组织中进行的。实际上，管理活动就源于社会组织中协调组织成员的相互关系和个人活动的必要性。高等学校是系统培养专门人才的社会组织，大学生的教育和培养是其首要的和基本的任务，大学生管理就是高等学校为完成这一任务而进行的特殊的管理活动。

第二，大学生管理的目的是实现高等学校的人才培养目标，促进大学生的全面发展。

管理总是有一定目的的，管理的目的就是要实现一定社会组织的某种预定目标。世界上既不存在无目标的管理，也不可能实现无管理的目标。大学生管理作为高等学校人才培养工作的一个重要环节，其目的就是要实现高等学校在人才培养方面的预定目标，促进大学生的全面发展，使之成为德智体美全面发展、富有创新精神和实践能力的中国特色社会主义事业的建设者和接班人。

第三，大学生管理的实质是要有效地利用学校的各种资源，为大学生的成长成才提供指导和服务。

大学生管理的任务是要为大学生顺利完成学业、健康成长成才提供各个方面的指导和服务，包括对大学生行为和大学生群体的引导、为家庭经济困难的学生提供的资助服务、为毕业生提供的就业服务等。因此，就需要通过科学的决策、计划、组织和控制，有效地利用学校的各种资源，包括人力、物力、财力、时间和信息等。

综上所述，所谓大学生管理，就是指高等学校为实现人才培养目标，促进大学生全面发展，通过决策、计划、组织和控制，有效地利用各种资源，为大学生成长成才提供各种指导和服务的社会活动过程。

（二）大学生管理的特点分析

大学生管理作为高等学校为实现人才培养目标而为大学生提供的指导与服务，有其自身显著的特点。

1. 突出的教育功能

大学生管理是高等学校人才培养工作的重要组成部分，因此，大学生管理既具有管理的属性，又具有教育的属性，有突出的教育功能。

首先，大学生管理的目标服从和服务于大学生教育的目标。大学生是为了接受大学教育而跨进大学之门的，大学生管理则是高等学校为实现大学生教育目标，促进学生圆满完成大学学业而实施的特殊管理活动，因此，大学生管理的目标必然服从和服务于大学生教育的目标。

其次，教育方法在大学生管理方法体系中具有突出的作用。教育方法是包括大学生管理在内的现代管理活动中最经常、最广泛使用的一种基本手段。这是因为，一切管理活动都离不开人，而人是有思想的，人的活动总是由一定的思想意识支配的。正如恩格斯所说，“推动人去从事活动的一切，都要通过人的头脑”。因此，任何管理活动都要坚持思想领先的原则，注意做好人的思想工作，通过影响人的思想去引导和制约人们的活动。而大学生管理作为大学生教育和培养工作系统中的一个重要组成部分，也就必然要更加注重运用教育的手段，以提高大学生管理的实效性。

最后，大学生管理过程同时也是教育大学生的过程。高等学校是教育和培养专门人才的场所，高等学校的一切工作都应当对学生起到良好的教育和影响作用。大学生管理过程中所贯彻的以人为本、民主法治、公正和谐的理念，所体现的从学校和学生的实际出发、遵循教育规律和管理规律、实事求是的科学精神，所采用的民主管理、依法管理、科学管理的方法等都会对学生产生潜移默化的影响。大学生管理过程中所实行的依据大学生成长成才的规律和要求制订的各项规章制度，都会对大学生起到思想导向、动机激励和行为规范的作用。大学生管理过程中管理人员的情感、态度和言行也会对大学生起到表率和示范作用。可见，大学生管理的过程同时也是教育学生的过程，直接影响着大学生思想品德的形成与发展。

2. 鲜明的价值导向

大学生管理是为社会培养人才提供服务的，大学生管理的目的、管理体制和管理形式总是受到社会的经济基础、政治制度和意识形态的制约。因此，大学生管理必然具有鲜明的价值导向。它总是贯穿并体现着一定的社会主导价值体系，并直接影响着大学生价值观的形成、变化与发展。具体来说，大学生管理的价值导向主要体现在以下几个方面。

（1）管理目标

目的性是人类实践活动的基本特征。而人的实践活动的目的，总是基于一定的需要和对实践对象的属性及其变化趋势的认识与判断，因而总是体现着一定的价值观念。大学生管理的目的同样如此。事实上，大学生管理的目的以及其具体展开的整个目标体系，都是基于一定的价值观念确定和设计的，都贯穿和体现着一定的价值观念和价值追求，因此，大学生管理的价值导向不仅对管理者的管理行为和大学生的日常行为起着导向、激励和评价作用，而且会对大学生价值观的形成和发展起到重要的引导和促进作用。

同时，大学生管理是大学生教育的重要环节。为谁培养人和培养什么样的人，始终是大学生教育的首要问题，也是大学生管理的首要问题。显然，对这个问题的解决，必然鲜明地体现着一定的价值观念和价值追求。在我国现阶段，也就是要体现社会主义核心价值体系，体现实现中国特色社会主义的共同理想对人才培养的要求。因此，我国大学生管理的目标也必然要体现社会主义的价值导向。

（2）管理理念

大学生管理理念是大学生管理的指导思想，直接制约着大学生管理的原则和方法。而大学生管理理念也总是体现着社会的价值体系，并且往往是社会的先进的价值观念在大学生管理中的贯彻和体现。例如，大学生管理中的“以人为本”的理念，就是我们党所坚持的“以人为本”的价值观念在大学生管理中的贯彻和体现。在大学生管理中全面贯彻“以人为本”的理念，坚持做到“关心人、尊重人、依靠人、发展人、为了人”，必然会对学生正确认识人的价值，确立“以人为本”的价值观念产生积极影响。

（3）管理制度

科学而又严密的规章制度，是大学生管理的基本手段，是大学生管理规范化、制度化和法制化的基本保证和主要标志。而管理的规章制度是人们在一定的价值观念指导和影响下制订出来的，体现着一定的价值导向，具体表现为要求大学生做什么，不做什么；鼓励和提倡做什么，反对和禁止做什么；奖励什么样的行为和表现，惩罚什么样的行为和表现等。大学生管理制度中的这些规定无不体现着鲜明的价值导向。

3. 复杂的系统工程

同任何管理活动一样，大学生管理也是一项系统工程，具有整体性、层次性、动态性和开放性。同时，大学生管理又有其特殊的复杂性，因而是一项十分复杂的系统工程。

（1）大学生管理的任务是复杂的

既要紧紧围绕大学生的中心任务，加强对学生学习行为和实践活动的管理和引导，又要切实为大学生的健康成长着想，加强对学生日常行为包括交往行为、消费行为、网络行为的管理和引导，及时发现、纠正和妥善处理学生的异常行为；既要加强对大学生现实群体包括学生班级、学生党团组织、学生社团和学生生活园区的管理和引导，又要适应网络时代的新情况，加强对大学生以网络为平台形成的虚拟群体的管理和引导；既要对大学生在校园内的安全加强管理和引导，又要为大学生在校外的安全提供必要的指导和帮助；既要做好面向全体学生的奖学金评定工作，以充分调动学生的学习积极性，又要做好面向家庭经济困难学生的资助工作，以帮助他们顺利完成学业；既要引导新生科学制订职业生涯规划，明确努力的具体目标，又要为毕业生提供就业、创业指导和服务，使学生能够在合适的岗位上施展自己的才华、实现自身的价值。总之，大学生管理渗透于大学生专业学习和日常生活的各个方面，贯穿于大学生培养工作的所有环节和全部过程，其任务是复杂而又艰巨的。

（2）大学生是具有明显差异和鲜明个性的

大学生管理的对象是大学生，而大学生有显著的差异和鲜明的个性。他们各有其特殊的精神世界和思想感情，有着不同的气质、性格、兴趣、爱好和习惯。即使是同一个年级、同一个专业、同一个班级的学生，由于他们都有自己特殊的生活条件和生活经历，他们的思想行为也具有不同的特点。同时，随着自主意识的增强，大学生普遍崇尚个性，追求个性的自由发展和完善。对学生个体而言，在成长变化不同的历史时期有不同的特点。因此，大学生管理就不可能按照完全统一的要求、规格和程序来进行，而要根据大学生的个性特点，因人制宜，因势利导，有针对性地开展工作。这就使大学生管理具有了特殊的复杂性。

（3）影响大学生成长的因素是复杂的

大学生管理的目标是促进大学生的健康成长，而影响大学生成长的，不仅有学校教育因素，还有外部环境因素。外部环境的构成因素是复杂的。现实世界中，所有与大学生的学习、生活、活动和交往有关的环境因素，都会或多或少地对大学生的成长产生影响。其中，有社会的因素，也有自然的因素；有物质的因素，也有精神的因素；有经济的、政治的因素，也有文化的因素；有国际的、国内的因素，也有家庭的、学校周边社区的因素；有现实的因素，也有历史的因素。尤其是随着现代信息技术的迅猛发展，世界越来越紧密地联系在一起，大学生可以方便快捷地获取来自世界各地的信息，因此，影响大学生思想行为及其成长的环境因素也就更为广泛，更为复杂。

同时，外部环境对大学生的影响也是复杂的。一是其影响的性质具有多重性。其中，有积极影响，也有消极影响，二者往往交织在一起，同时产生作用。而且，同样的环境因素对于不同的大学生可能会产生不同性质的影响。例如，富裕的家庭条件对许多大学生而言是顺利完成学业的有利条件，但对有的大学生而言则成为铺张浪费、过度消费甚至不思进取、荒废学业的重要原因。二是其影响的方式具有多样性。有直接的影响，也有间接的影响；有显性的影响，也有隐性的影响；有通过对大学生思想情感的熏陶发生作用的，也有通过对大学生行为的约束发生作用的。凡此种种，不一而足。因此，在大学生管理过程中，管理者不仅要善于对大学生的学习和生活进行正确的指导，而且要善于正确认识和有效调控各种环境因素对大学生的影响，尽可能充分利用其对大学生的积极影响，防止、抵御和转化其消极影响。显然，这是一项十分复杂的工作。

4. 显著的专业特色

大学生管理在传统上是经验性的事务型工作，但由于大学生管理有其特殊的管理对象、特殊的内在规律和特有的方法体系，决定了必须形成大学生管理专业视角、使用专业方法、形成专业研究模式。所以，大学生管理工作是专业性很强的工作。

（1）大学生管理有其特殊的管理对象

大学生管理的对象是大学生，而大学生有区别于一般管理对象的显著特点。一是大学生是具有高度自觉能动性的人。大学生具有强烈的自主意识、明显的独立意向和较高的智力发展水平，崇尚独立思考，要求自主自治。在大学生管理过程中，大学生不仅是接受管理的对象，也是积极活动的主体。对于管理的要求和规章，对于管理者施加的指导和督促，他们总要经过自己的思考，做出自己的评价、选择和反应。更重要的是，他们还会主动积极地参与到管理活动中，自觉地接受管理和实行自我管理。这就要求在大学生管理中必须着力激发和引导大学生的自觉能动性，使他们能够自觉地顺应大学生管理的目标和要求，主动接受管理，积极开展自我管理。

二是大学生是正处于成长和发展关键时期的人。他们的心理日趋成熟但还尚未完全成熟，智力迅速发展，情感日益丰富，自我意识显著增强，但又存在着诸如理智与情绪的矛盾、自我期望与自身能力的矛盾等心理矛盾。他们正处于思考、探索和选择之中，世界观、人生观和价值观正在形成，思想活动具有显著的独立性、敏感性、多变性、差异性和矛盾性。他们即将走上社会，正在做进入职场、全面参与社会劳动实践的最后准备。

可见，大学生有既不同于少年儿童，又区别于成人的特点。同时，也正由于大学生还处于趋向成熟的过程之中，所以在他们身上又蕴藏着各个方面发展的极大的可能性，有着发展的巨大潜力。这就要求在大学生管理中，要针对大学生的特点，切实加强并科学实施对大学生的指导和服务，以促进他们的健康成长，并使他们的身心获得最佳的发展。

三是大学生是以学习为主要任务，并在教师的指导下进行自主学习的人。大学生的主要任务是学习，大学生的学习是由教师指导的，按照一定的制度和规定有目的、有计划、有组织地进行的。同时，大学生可以按照学校的有关规定自主地选修课程，自主地支配大量的课外学习时间。因此，大学生的学习不仅需要掌握科学的学习方法，而且需要高度的学习自觉性和有效的自我管理。这就要求大学生管理紧紧围绕大学生的学习任务，切实加强对大学生学习行为的指导和管理。

（2）大学生管理有其特殊的内在规律

这是由大学生管理自身的特殊矛盾决定的。大学生管理的特殊矛盾就是社会基于对专门人才的需要提出的对大学生在行为方面的要求与大学生行为实际状况之间的矛盾。这一矛盾存在于一切大学生管理的活动之中，贯穿于一切大学生管理过程的始终，决定着大学生管理的全局。它是大学生管理的基本矛盾，也是大学生管理区别于其他社会实践活动的特殊矛盾。大学生管理就是为解决这一矛盾而专门进行的特殊社会实践活动。因此，大学生管理作为一种管理活动，固然要遵循管理的一般规律，但又有其区别于其他管理活动的特殊规律。大学生管理作为一种人才培养的手段，固然要遵循教育的一般规律，但又有其区别于其他教育活动的特殊规律。这就需要对大学生管理的特殊规律进行专门的探索和研究，而大学生管理理论研究的任务，就是揭示大学生管理的特殊规律。

（3）大学生管理有其特有的方法体系

大学生管理所具有的特殊的管理对象和特殊的管理规律，决定了大学生管理有其特有的方法体系。由于大学生管理工作的涉及面极其广泛，具有很强的综合性，因而需要掌握管理学、教育学、心理学、社会学等多方面的理论、方法和技术。但大学生管理的方法体系又不是这些理论、方法和技术的简单拼凑和机械相加，而是需要在系统掌握这些理论、方法和技术的基础上，针对大学生的特点，依据大学生管理的特殊规律和具体实际，把它们有机地结合起来加以综合运用，从而形成自己特有的方法体系。

（三）大学生管理的目标分析

大学生管理目标是一定时期内实施大学生管理活动所要得到的预期结果。大学生管理目标是大学生管理过程的指向、核心和归宿，规定着大学生管理的方向和任务，制约着大学生管理的手段和方法。科学地确定并正确地把握大学生管理的目标，是实施大学生管理的前提，是提高大学生管理效益的关键。

1. 确定大学生管理目标的依据

大学生管理目标作为大学生管理活动所要得到的预期结果，其形式是主观的，但它的确定并不是主观随意的，而是围绕高等学校的人才培养目标，依据社会发展的客观要求和大学生自身发展的客观需要制订出来的。

高等学校的人才培养目标，是确定大学生管理目标的直接依据。高等学校的人才培养工作是一个十分复杂的系统工程，大学生管理作为这一系统的重要组成部分，其目的就是通过为大学生提供各种指导和服务来保证学校人才培养目标的实现。因此，大学生管理目标的确定也就必然要以高等学校的人才培养目标为依据。实际上，大学生管理目标也就是高等学校人才培养目标在大学生管理领域中的体现和具体化。

社会发展的客观要求，是确定大学生管理目标的根本依据。这是因为高等学校的人才培养目标归根到底是由社会发展的客观要求决定的。同时，大学生发展的基本趋势和总体状况归根到底取决于社会发展的状况及其对人才素质的客观要求。而大学生管理的实质就是要引导和帮助大学生充分利用社会所提供的各种条件发展和完善自己，以适应社会发展的客观要求。我国正处于并将长期处于社会主义初级阶段。建设社会主义现代化国家，实现中华民族的伟大复兴，需要德智体美全面发展的专门人才。我国社会主义事业发展的这种客观要求，是我们制订大学生管理目标的根本依据。

大学生自身发展的客观需要，是确定大学生管理目标的重要依据。大学生管理目标的确定，在主要依据社会发展需求的同时，还应当兼顾大学生自身发展的需要。首先，大学生是正处于发展之中的、具有鲜明个性的人。他们都有自己的思想感情、兴趣爱好和理想追求，都有丰富和发展自己的迫切需要。社会主义和共产主义的本质就是要使人的个性得到充分、自由的发展。因此，大学生管理的目标也就必然要体现大学生自身发展的需要。其次，大学生既是管理的对象，又是能动的主体。大学生管理目标能否实现，关键要看它能否激发大学生自我管理的主动性和积极性。因此，大学生管理目标必须体现大学生受教育者自身发展的需要。只有这样，外在的管理目标才能转化为大学生自身的内在追求，从而激励大学生自觉地开展自我管理，不断地奋发努力。

2. 大学生管理的目标体系

大学生管理目标按其地位和作用范围，可分为总目标和分目标。大学生管理的总目标是大学生管理的全部活动所要达到的预期效果。大学生管理的分目标则是各个领域、各种层次以及各个阶段的大学生管理活动分别所要达到的预期效果。总目标是分目标的基本依据，分目标是总目标的分解和具体化；总目标调节和控制着分目标的执行，总目标的实现又有待于各个分目标的实现。大学生管理的总目标和分目标相互联系、相互作用，共同构成了大学生管理的目标体系。

维护高等学校正常的教育教学秩序和生活秩序，保障学生身心健康，促进学生德、智、体、美全面发展是现阶段我国普通高等学校学生管理的总目标。

维护高等学校正常的教育教学秩序和生活秩序，是大学生管理的直接目标。任何管理活动的直接目标或第一个目标都是建立和维护组织的正常秩序。事实上，管理活动的产生首先就是为了规范和协调人的行为，以使组织的各项活动能够围绕组织的目标，按照一定的制度和规定有条不紊地进行。

保障学生的身心健康，是大学生管理的基本要求。身心健康包括生理健康和心理健康，是生理健康和心理健康的有机统一。生理健康是心理健康的物质基础，心理健康是生理健康的精神支柱。身心健康是人的全面发展的基础和内在要求。一个人如果没有强健的体魄、振奋的精神和坚强的意志，就谈不上全面发展，也不可能成为适应社会需要的全面发展的高素质人才。保障大学生的身心健康是培养社会合格人才的内在要求，是大学生自身成长成才的迫切需要。当代中国大学生大多为独生子女，是一个承载社会、家庭高期望的特殊群体。他们的自我定位比较高，成才欲望非常强，但社会阅历比较浅，心理发展尚未成熟，极易出现情绪波动。

随着经济社会的发展，特别是涉及大学生切身利益的各项改革措施的实行，大学生面临的社会环境、家庭环境和学校环境日益纷繁复杂，面临的学习、就业、经济和情感等方面的压力越来越大，不可避免地会影响他们的心理乃至生理健康。因此，加强大学生管理，为大学生的学习、就业和日常生活提供必要的指导和服务，保障大学生的身心健康，也就具有非常重要的意义。

促进学生德、智、体、美全面发展，是大学生管理的根本目标。培养全面发展的人，历来是具有远见卓识的教育家追求的理想目标。马克思、恩格斯科学地揭示了人的全面发展的内涵和历史必然性，创立了关于人的全面发展的理论。习近平在党的十九大报告中明确指出："要全面贯彻党的教育方针，落实立德树人根本任务，发展素质教育，推进教育公平，培养德智体美全面发展的社会主义建设者和接班人。"培养德智体美全面发展的社会主义建设者和接班人，是高等学校人才培养的目标。大学生管理作为高等学校人才培养体系的重要组成部分，必然要为实现这一目标服务，以促进学生德智体美全面发展为自身的根本目标。

二、大学生管理的价值

（一）大学生管理价值释义

大学生管理的价值是指大学生管理对社会、高等学校和大学生所具有的作用和意义，也就是大学生管理的属性和功能对社会进步、高等学校发展和大学生成长成才需要的满足。

大学生管理价值的客体是大学生管理本身。大学生管理具有能够对培养社会合格人才、高等学校实现教育目标、大学生的成长和发展发挥作用的属性与功能。正是大学生管理的这些属性和功能构成了大学生管理价值的基础。

大学生管理价值的主体是社会、高等学校和大学生。高等学校是大学生管理的实施者。高等学校之所以要实施大学生管理，根源于实现教育目标的需要，而大学生管理则具有能够满足这种需要的属性和功能。因此，高等学校也就成为大学生管理价值的主体。同时，高等学校的教育目标又是依据社会对专门人才的要求和大学生自身发展的需要制订的，因此，社会和大学生也就都成为大学生管理的主体。大学生管理价值所体现的也就是大学生管理的属性和功能对社会、高等学校和大学生需要的满足关系。

（二）大学生管理价值的特点

1. 直接性与间接性

就作用的形式而言，大学生管理对其价值主体的作用，有直接作用和间接作用。因此，大学生管理价值也就具有直接性和间接性的特点。大学生管理价值的直接性是指大学生管理能够不经过中介环节而直接作用于价值主体，以满足其一定的需要。一般来说，大学生管理对大学生的影响和作用往往是直接产生的。大学生管理价值的间接性是指大学生管理需要通过一定的中介环节而间接作用于价值主体，以满足其一定的需要。一般来说，大学生管理对社会的影响和作用往往是通过对大学生的影响和作用而间接产生的。

2. 即时性与积累性

大学生管理价值的即时性是指大学生管理活动在短时间内就能够迅速完成目标，从而满足价值主体的某种需要。

大学生管理价值的积累性是指大学生管理往往要经过一个相当长的过程，通过长期的工作积累，才能实现目标，从而满足价值主体的需要。

3. 受制性与扩展性

大学生管理价值的受制性是指大学生管理价值的实现要受到其他因素的影响。这是因为，大学生管理价值就是对大学生成长成才的作用和意义，而大学生的成长成才则要受到高等学校内部其他因素和外部环境因素的影响。因此，大学生管理在大学生成长成才中作用的发挥，也就必然要受到其他因素的制约。

大学生管理价值的扩展性是指大学生管理可以通过大学生的活动和影响对高等学校内部其他工作和外部环境产生作用，从而使自身价值得到扩展。

4. 系统性与开放性

大学生管理价值的系统性是指大学生管理的价值是一个由多种维度、多种类型的内容构成的有机整体。按价值的主体，可分为社会价值、高校集体价值和个体价值。社会价值是大学生管理对社会运行和发展的作用和意义；高校集体价值是大学生管理对高等学校运行和发展的作用和意义；个体价值是大学生管理对大学生个体成长和发展的作用和意义。按价值存在的形态，可分为理想价值和现实价值。理想价值是大学生管理价值的应有状态，即大学生管理所追求的最终价值；现实价值是大学生管理的实有状态，即在现实条件下已经实现或正在实现的价值。还可以按价值的性质，分为正向价值和负向价值；按价值的大小，分为高价值和低价值等。大学生管理价值就是由上述各种价值组成的系统。

大学生管理价值的开放性是指大学生管理的价值会随着价值主体的需要和大学生管理功能的变化发展而变化发展。随着社会的发展，大学生管理服务对象的需求在变化发展，这就必然会促使大学生管理的功能发生相应的变化和发展，从而使大学生管理的价值得到提升和拓展。

（三）大学生管理的社会价值

大学生管理的社会价值是指大学生管理对社会运行与发展的作用和意义，即大学生管理的属性和功能对社会运行与发展需要的满足。大学生管理的社会价值集中表现为它是培养中国特色社会主义建设合格人才的重要手段，是构建社会主义和谐社会的内在要求。

1. 培养合格人才的重要手段

中国特色社会主义事业的发展需要数以亿计的高素质的劳动者、数以千万计的专门人才和一大批拔尖创新人才。高等学校是人才培养的重要基地，其中心任务就是要为中国特色社会主义建设培养合格的专门人才。而大学生管理则是高等学校人才培养工作的重要手段，在培养合格人才方面发挥着不可或缺的重要作用。

第一，维护正常的教育教学秩序。高等学校的教育教学活动总是按照一定的制度和规章有目的、有计划、有组织地进行的，建立和维护正常的教育教学秩序是高等学校教育教学工作的内在要求和基本条件。这就需要有严格的、科学的管理，包括大学生管理。大学生管理是建立和维护正常的教育教学秩序的重要保证。没有有效的大学生管理，就不可能有正常的教育教学秩序。

第二，激励、指导和保障学生的学习行为。高等学校教育教学的过程是教师与学生双向互动、“教”与“学”辩证统一的过程。其中，“教”是主导，“学”是关键。学习是大学生的主要任务，是大学生能否成为合格人才的关键。而大学生管理则对大学生的学习行为起着重要的激励、指导和保障作用。

第三，培养学生的思想品德。中国特色社会主义建设所需要的合格人才不仅要具备良好的专业知识和能力素养，还要具备良好的思想品德。培养大学生良好的思想品德，不仅需要深入细致的思想政治教育，还需要有效的管理。大学生各个方面还未成熟，发展尚未稳定，加之各个学生的思想基础不同，接受教育的主动性、积极性和自觉性也各不相同，因此，大学生自我管理、自我约束的能力尚有欠缺并且存在差异。

2. 构建和谐社会的内在要求

实现社会和谐，始终是人类孜孜以求的社会理想，也是中国共产党和中国人民不懈奋斗的重要目标。大学生管理作为对大学生这一特殊社会群体提供引导和服务的社会活动，在构建社会主义和谐社会中发挥着特有的重要作用，具有特殊的重要价值。

第一，大学生管理是维护社会稳定、实现社会安定有序的重要保证。切实加强大学生管理，正确引导大学生的社会活动和政治行为，妥善解决大学生在学习、生活、交往和就业中遇到的各种矛盾和问题，及时处理大学生中发生的各种突发事件，以保持高等学校的稳定，对于维护社会稳定，实现社会安定有序具有特殊的重要意义。

第二，大学生管理是构建和谐校园的重要手段。高等学校是现代社会中不可或缺的重要社会组织，担负着培养人才、推动科技进步、传播先进文化的重要任务。构建和谐校园，是构建社会主义和谐社会题中应有之义，也是推进高等学校科学发展的内在要求。加强大学生管理，引导和组织大学生积极发挥在和谐校园建设中的主体作用，是构建和谐校园的重要保证。

通过大学生管理，建立和维护学校正常的教育教学秩序和生活秩序，加强学生的安全教育，保障学生的身心健康，有效地预防和妥善地处理学生中的突发事件，努力建设平安校园，才能使校园实现安定有序。通过大学生管理，引导和督促学生自觉维护校园环境，节约使用水、电等各种资源，才能使校园成为人与自然和谐共处的生态校园。

第三，大学生管理是促进大学生集体和谐发展的重要方式。大学生集体的和谐发展，不仅直接关系着大学生个体的健康成长和全面发展，也直接关系着高等学校的和谐稳定和科学发展。大学生管理包含着对大学生集体的管理，因而在促进大学生集体和谐发展中具有十分重要的作用。

（四）大学生管理的个体价值

大学生管理的个体价值是指大学生管理对大学生个体成长与发展的作用和

意义，即大学生管理的属性和功能对大学生个体成长与发展需要的满足。大学生管理的个体价值主要表现在引导方向、激发动力、规范行为、完善人格和开发潜能等几个方面，下面主要介绍引导方向、规范行为和开发潜能三个方面。

1. 引导方向

大学生管理具有突出的导向功能，对大学生的成长和发展起着重要的导向作用。大学生管理的导向作用，主要表现在以下三个方面。

第一，引导政治方向。政治方向是政治立场、政治观念、政治态度、政治品质和政治信念的综合体，是人的素质中的首要因素，决定着人们思想和行为的基本倾向。我们党历来强调在人才培养中必须把正确的政治方向放在第一位。

第二，引导价值取向。价值取向是指人们基于自己的价值观在面对或处理各种矛盾、冲突、关系时所持的基本价值立场、价值态度以及所表现出来的基本价值倾向。价值取向决定和支配着人的价值选择，制约着人们思想和行为的方向。引导大学生掌握社会主义核心价值体系，坚持正确的价值取向，有着尤为重要的意义。如前所说，鲜明的价值导向是大学生管理的一个显著特点。大学生管理通过坚持和贯彻体现社会主义核心价值体系的管理理念，制订和执行以培养社会主义建设合格人才为根本宗旨的管理目标体系和管理规章制度，对大学生的价值取向具有重要的引导作用。

第三，引导业务发展方向。引导大学生确定既符合社会需要，又符合自身实际的奋斗目标，明确业务发展的方向，可以引导他们把自己的主要精力和时间投入实现既定目标的业务学习和实践活动之中，从而使他们早日成才。大学生管理在引导大学生业务发展方向方面的作用集中表现在：通过对学生学习活动的指导，引导学生根据相关专业的要求和自己的兴趣爱好，确定专业学习的目标，从而明确在专业学习方面努力的方向；通过对大学生职业生涯规划的指导，引导学生根据社会需求、职业发展的趋势和自身的主观条件与愿望，确定自己的职业理想，从而明确自己职业生涯发展的方向。

2. 规范行为

大学生管理的一项重要任务就是要科学制订和严格执行各项管理规章制度和纪律，以规范大学生的行为，促进其形成文明的行为方式和良好的行为习惯。大学生管理在规范大学生行为方面的作用，主要是通过以下三种路径发挥出来的。

第一，加强制度建设。制度建设是大学生管理的重要内容。大学生管理中的制度建设，就是要依据社会发展要求、人才培养目标和大学生健康成长与发展的需要，科学制订和不断完善各项规章制度，使大学生明确应该做什么、不应该做什么，应该怎么做、不应该怎么做，引导和督促大学生规范自己的行为，逐步形成文明的行为方式。教育部发布的《高等学校学生行为准则》（教学〔2005〕5号）和2017年修订的《普通高等学校学生管理规定》（中华人民共和国教育部令第41号），是现阶段大学生管理的基本规章制度，为规范大学生行为提供了基本的规定和准则。

第二，进行纪律约束。纪律是一定的社会组织为实现组织目标而要求其全体成员必须共同遵守并具有组织强制力的行为规范。它是建立正常秩序、维系组织成员共同生活的重要手段，是完成各项任务、实现组织目标的重要保证，因而成为大学生管理中不可或缺的重要手段。在大学生管理中，通过严格执行学习、考试、科研、集体活动、校园生活、安全保卫等各个方面的纪律，以约束和调整学生的行为，并对违纪行为及时做出恰当的处罚，可以有效地引导和规范学生的行为，促进其良好行为习惯的养成。

第三，引导自我管理。自我管理是大学生管理的重要路径。自我管理的一项重要内容就是要启发学生的自觉性和主动性，引导学生自觉遵守管理制度，主动地用体现社会要求的大学生行为准则规范的行为，实行自我约束和自我监督。这种自我约束和自我监督，既表现在大学生个体的自我管理中，也体现在大学生群体的自我管理中。在大学生班级、寝室、社团等群体的管理中，充分发挥学生的主体作用，引导学生在民主讨论的基础上，形成全体成员共同遵守的规章制度，并相互监督执行，不仅有助于营造良好的群体氛围、实现群体的目标，而且有助于提高全体成员规范和约束自身行为的自觉性。

3. 开发潜能

人的潜能是指人所具有的有待开发、发掘的处于潜伏状态的能力，包括人的生理潜能、智力潜能和心理潜能。人的潜能是人的现实活动力量的潜伏状态和内在源泉，人的能力的发展，在一定意义上，也就是开发潜能，使之转化为现实活动力量即显能的过程。人的潜能是巨大的。美国著名心理学家威廉·詹姆斯认为一个正常人还有90%的潜能尚未利用。由此可见，人的潜能的开发具有十分广阔的前景。大学生正处于成长和发展的关键时期，着力开发他们身上所蕴藏的丰富潜能，将他们内在的潜能转化为从事社会建设的实际能力和现实力量，是大学生培养工作的重要任务。大学生管理作为大学生培养工作的重要组成部分，在开发大学生内在潜能方面发挥着不可或缺的作用。大学生管理在开发大学生潜能方面的作用，主要是通过以下三种途径发挥出来的。

第一，指导学习训练。学习和训练是开发潜能的基础。只有通过系统的学习和训练，掌握必要的知识和方法，才能使潜能得到正确的、有效的发挥。大学生管理通过对大学生的学习活动的管理和指导，引导大学生确立正确的学习目标，掌握科学的学习方法，不仅可以充分开发大学生在学习方面的潜能，提高他们的学习能力，而且可以促进大学生系统地掌握专业理论知识和方法，从而使他们在专业方面的潜能得到开发和发展。

第二，运用激励机制。激励是开发潜力的重要手段。通过激励，可以充分调动人的主观能动性，打破安于现状的消极心态，振奋人的精神，转变人的态度，激发人的兴趣，调整人的行为模式，从而达到开发潜能的目的。激励也是大学生管理的重要手段。大学生管理运用激励机制，通过引导学生明确努力方向和成才目标，奖励成绩优异、表现突出的学生，可以调动大学生的主动性和积极性，激发他们奋发向上的进取精神，从而促使他们不断地开发自身内在的潜能。

第三，组织实践活动。实践是潜能转化为显能的中介和桥梁。人的潜能只有在实践中才能逐步显现出来，得到实际发挥，从而转化为显能。大学生管理通过支持和指导学生的社团活动和社会实践活动，鼓励和引导学生的科技服务和科技创新活动等，可以为大学生提供丰富多样的参与实践活动的机会，使他们的潜能在实践中得到开发和发展。

第二节　大学生管理的原则和理念

一、大学生管理的原则

大学生管理的原则是在大学生管理过程中必须遵循的基本准则。恩格斯指出："原则不是研究的出发点，而是它的最终结果；这些原则不被应用于自然界和人类历史，而是从它们中抽象出来的；不是自然界和人类去适应原则，而是原则只有在适用于自然界和历史的情况下才是正确的"。因此，大学生管理原则的确定，主要依据的是大学生管理的内在规律、实践经验及党的路线、方针、政策。新形势下，大学生管理主要包括方向性、激励性、发展性和自主性等基本原则。

（一）方向性

大学生管理坚持方向性原则，是涉及培养什么人、如何培养人的根本性问题。大学生管理是高校办学的重要方面，是学校育人环节的重要一环，社会主义大学的主要目标是培养合格的社会主义事业建设者和接班人，大学生管理工作直接影响这一目标的实现。

方向性原则是指确定大学生管理的目标，进行大学生管理活动，要与高校育人工作的总目标相一致，要与党和国家的教育方针、规范、政策和法律法规中规定的教育目标、管理目标等相一致。方向性原则是大学生管理中具有决定作用的基本原则。只有坚持这一原则，才能促进大学生管理朝着高等教育育人工作的总目标发展，才能保证大学生管理的正确方向，才能有利于培养全面发展的社会主义事业建设者和接班人。坚持方向性原则，是大学生管理的社会属性决定的，也是我国大学生管理历史经验的总结。

（二）激励性

激励性原则是指在大学生管理中利用一定的物质手段或精神手段，引导学生思想行为的变化，调动学生的积极性、创造性，使学生的潜能得到最大限度的发挥，从而实现管理目标的基本准则。在大学生管理中，恰当地运用激励性原则，可以使管理活动更易于被学生接受，有利于实现管理的目标。

激励的效果取决于在激励过程中采取的手段、方式能否针对大学生的发展实际、能否满足大学生的需要、能否在大学生内心形成自我激励的内在动力等。因此，在大学生管理中贯彻激励性原则，需要做到以下三点。

第一，运用正向激励手段。高校在学生管理过程中，科学、合理地运用激励机制，有助于调动大学生的能动性和创造性，改变大学生的观念、行为。正向的激励主要有两种：一种是物质上的，主要指金钱或实物，物质利益的需求和满足是人生存和发展的一个必备条件。对学生进行一定的物质激励，有助于调动学生的积极性、主动性；另一种是精神上的，主要指通过各种形式的表扬，给予一定的荣誉。正向的激励有助于学生将外部的推动力量转化为自我奋斗的动力，充分发挥自身潜能，从而有效地激励学生成长成才。在大学生管理中，要协调好物质激励和精神激励的关系，依据学生的实际采取相应的激励手段，确保管理效果。

第二，在管理中树立典型，通过榜样进行激励。榜样使人有目标、有方向。因此，要善于树立榜样、培养榜样、宣传榜样，并鼓励学生学习榜样、争做榜样、成为榜样。

第三，采取情感激发的方式。“情感，是人格发展的诱因，是青年追求美好生活的动力。”要确保管理目标的实现，一般都要有感情的催化。当管理者与学生平等对话、敞开心扉、相处愉快时，管理活动就比较容易开展；当双方针锋相对、互不理解时，学生往往会产生抵触情绪，管理效果就会打折扣。因此要求管理者不仅要以制度约束人，还要以真情感染人，注重沟通，消除疑虑，用欣赏的眼光去看待学生，使每一个学生的需求得到尊重、困惑得以消除、特长得以发挥。

（三）发展性

大学生管理坚持发展性原则，包括两个方面：一是管理工作本身要不断发展，二是通过管理促进学生的全面发展。从管理工作本身来看，随着我国社会政治、经济、文化的不断发展，社会生活发生了复杂而深刻的变化，大学生管理工作的形势、环境、对象、任务等也发生了深刻的变化，这就要求管理的体制、机制不断变化，管理方式、目标、途径及时调整，以确保大学生管理工作的实效。

在通过管理促进学生全面发展方面，关键是做到以下三点。

第一，要树立发展意识。思想是行动的先导，有什么样的发展理念，就会有与之相应的管理方式和结果。传统的大学生管理重管理，把管住学生作为学生管理的出发点。个别管理者往往以强硬的制度规范、约束学生的行为，以训诫、命令代替沟通。这些方式往往会伤害学生的自尊心，挫伤学生的自主性，有悖于学生的全面发展。大学生管理坚持发展性原则亟须转变传统的观念，要有意识地把学生全面发展作为管理活动开展的前提。在大学生管理中，牢固树立促进学生全面发展的责任感和紧迫感，打破思维定式，以新的发展观念指导管理决策，设计管理计划，谋划学生的全面发展。

第二，要不断推动管理创新。通过管理促进学生全面发展，需要同时注重管理本身的发展，而管理的发展实际上是创新。服务于学生全面发展的管理创新就是在遵循大学生管理规律的基础上，与时俱进，坚持继承与创新相结合，创造性地开展工作，促进学生全面成长和成才。目前，大学生管理的机制、途径、方法与载体都是在过去的环境条件下，针对过去的情况产生的。但是随着社会经济的迅速发展，大学生管理工作面临着新环境、新问题，大学生在思想上出现了迷惑和困扰，在观念上呈现出多元化特点。如果固守原来的管理方法必然不能较好地适应今天的需要，解决不了今天的问题。因此，创新大学生管理工作成为时代和社会赋予的重任。

第三，要统筹各方面的资源形成促进学生发展的合力。一直以来，我们在高校管理的实践工作中都强调高校学生管理包括管理学生和服务学生两大方面。但在具体操作上，管理却总是多于服务。实践证明，把职业生涯规划、生活帮扶、大学生就业指导、心理辅导等贯穿管理始终更易于调动学生的主观能动性、激发学生的创造性，从而促进学生的发展。要理顺学校各管理部门的关系，通过部门间的相互协调和相互联系，将组织内部各个要素整合成一个有机整体，使人、财、物、信息、资源等得以最佳配置，形成促进学生发展的合力。

（四）自主性

自主性原则是指高校在进行大学生管理时，使大学生参与到管理过程中，充分调动大学生的积极性和创造性，进行民主管理，实现自我管理和自我服务。大学生管理遵循自主性原则，是由两方面决定的。一方面有利于育人目标的实现。管理的目标是育人，这就要求将外在的行为规范转化为内在的思想观念，从而支配管理对象的行为。如果不调动学生的主观能动性，学生就难以接受管理，管理的实效性就难以发挥。另一方面有利于满足学生自主管理的现实需求。随着我国社会主义市场经济体制的不断完善，高等教育逐渐与经济社会发展相融合，市场经济的自主、平等、竞争、法治精神对高校师生的影响不断深化，大学生的自主意识不断增强。大学生渴望在各项事务管理中充当主角，自己管理自己，充分发挥主观能动性，实现自我管理、自我服务。

在大学生管理中坚持自主性原则要做到以下三点。

第一，唤醒学生的自主管理意识。在大学生管理过程中，要营造轻松、愉悦的氛围，使学生的自主需求得到尊重；同时，要使学生体会到自主管理的成就感，享受自主管理收获的成果。

第二，打造学生自主管理的平台。辅导员要抓好以班委会、团支部、学生会等学生组织为载体的自主管理平台，增强凝聚力、吸引力，建立定期流动机制和激励机制，充分保证学生广泛地参与到自主管理中来。作为辅导员，要敢于“放权”，敢于把大学生管理工作交给学生，实现学生的自我管理、自我服务。

第三，加强对学生自主管理的指导。自主管理不等于放任自流，必须加强对自主管理的指导，才能保证管理的方向和实效。保证管理的方向和实效有四方面的内涵，即明确方向，定准目标，告诉学生工作要达到的程度和效果；定好标准，明确思路，告诉学生怎样开展工作；做好监督，对学生任务的执行情况进行跟踪观察，时刻关注工作进展；及时反馈，帮助学生及时调整方向，确保学生工作在正确的轨道上进行。

二、大学生管理的理念

大学生管理的基本理念是对大学生管理规律的认识和对实践经验的高度概

括，是大学生管理必须遵循的基本指导思想。教育部2017年修订的《普通高等学校学生管理规定》（中华人民共和国教育部令第41号）明确指出："高等学校要以培养人才为中心，按照国家教育方针，遵循教育规律，不断提高教育质量；要依法治校，从严管理，健全和完善管理制度，规范管理行为；要将管理与加强教育相结合，不断提高管理水平，努力培养社会主义合格建设者和可靠接班人。"因此，大学生管理应该坚持人本管理、科学管理、服务育人、依法管理的基本理念。

（一）人本管理

理性化和人性化一直是管理发展中的两条重要线索。泰勒及其科学管理理论是理性主义的典型代表，长期处于管理思想的主流。20世纪二三十年代以来，随着"人际关系理论"以及"行为科学"的发展，人文主义逐渐占据管理思想中的重要地位，人性和个人价值得到普遍认同。人本管理的思想要求在管理活动中，始终把人放在中心位置。在手段上，着眼于所有成员积极性的发挥和人力资源的优化配置；在目的上，追求人的全面发展以及由此带来的效益的最大化。

在大学生管理工作中，坚持人本管理理念就是要以学生为本，树立现代学生观，尊重学生的主体地位，促进学生的个性化发展，实现对学生的多样化评价。在实际工作中尊重学生的主体性、差异性、丰富性、独特性，把学生当作有血有肉、有生命尊严、有思想感情的人；以学生成长成才为中心，真正尊重学生、理解学生、关心学生、引导学生。

首先，尊重学生主体需求，促进学生成长成才。要区分不同类型、不同层次学生的特点和需求，分层次、分阶段做深入细致的教育、管理和服务工作，建立起帮助学生成长、解决学生困难、方便学生办事、维护学生权益的大学生管理工作体系，让学生得到最好的教育。因此，大学生管理工作必须从学生的需求出发，把工作的需求与学生的成长成才需求紧密结合，把学生的当前需求与长远需求紧密结合，把学生个人的需求与群体的需求紧密结合，把表面的物质需求与深层次的精神需求紧密结合，努力培养德才兼备、品学兼优、知行合一的社会主义建设者和可靠接班人。

其次，体现学生的主体参与，实现学生的自主发展。要充分发挥学生的主体作用，引导学生参与管理实践，使学生成为管理的主人。学生参与管理的主要平台有学生会、班委会、团支部、社团联合会等学生组织，可以通过学生干部定期换届等方式，努力让每个学生都有机会参与管理。在就业管理、安全管理、资助管理等工作中，也要充分调动学生的积极性，引导学生参与相关政策的制订和实施，真正实现管理依靠学生。

最后，实行民主管理。推行民主管理，尊重学生的主动性和首创性是人本理念的重要体现。因此，不仅要增强管理者和学生的民主管理意识，更要完善民主选举、决策和监督等民主管理运行机制，使民主管理渠道更加畅通。

（二）科学管理

科学管理的实质在于使实践积累的管理经验标准化、系统化、科学化，用科学管理代替经验管理。科学管理的主体思想包括三方面：①提高劳动生产率是科学管理的中心问题，是确定各种科学管理原理和方法的基础；②在管理实践中实行各种明确的规定、条例、标准，使管理科学化、制度化是提高工作效率、达到最高工作效率的关键；③科学管理不仅在于具体的制度和方法，还在于重大的精神变革。

大学生管理工作中的科学管理，特征是规范化、制度化和模式化，其价值核心在于提高学生管理的效率，强调建立完备的组织机构、详细的工作计划、严格的规章制度、明晰的职责分工、管理的程序化和采用物质激励以及纪律约束与强制。在这种管理方式下，大学生的学习模式、纪律制度、行为准则、管理程序都实现了规范化；信息传递、各项学习生活实现了程序化，最大限度地引导学生接受正确的价值取向，实现管理效能的最大化。

（三）服务育人

大学生管理说到底就是为大学生的全面发展和健康成长服务，而不仅是为了“管”学生，更不能只把学生看作管理的对象。只有树立管理就是服务、管理就是育人的理念，才能从根本上转变大学生管理的态度、思路、方法和作风。《中共中央国务院关于进一步加强和改进大学生思想政治教育的意见》明确指出，高校加强和改进大学生思想政治教育是教书育人、管理育人、服务育人相统一的系统工程。要“坚持教育与管理相结合”，要“从严治教，加强管理”，要“建立健全与大学生成长成才相适应的管理制度体系”。要时刻注意把思想政治教育融入大学生管理之中，建立起自律与他律、激励与约束有机结合的长效机制。

第一，要强化服务意识，着力解决学生最关心的实际问题。大学生管理涉及关乎学生切身利益的诸多方面，如学业问题、就业问题、家庭经济困难问题和心理问题等。管理者要高度重视解决学生的这些实际问题，让学生感受到关怀与温暖，为其接受管理者的教育与引导奠定感情基础。在解决实际问题的过程中，注重和解决思想问题相结合，既办实事又讲道理，坚持管理与教育的结合，做到既关心人、帮助人，又教育人、引导人。

第二，在实施管理时要注意学生的情感因素，注意制度的刚性和管理的弹性。学生管理做的是“人”的工作，而人是有理性、有感情的。无论教育手段多么先进，也不能代替面对面的思想沟通；无论传媒手段多么发达，也不能代替人与人之间的感情交流。正是这种情感作用，使管理产生融洽和理想的效果，才能调动学生的积极性和主动性。要考虑每个学生的具体情况，采用学生最容易理解和接受的方式来进行管理。这样才能让学生乐于接受制度规范要求，主动地将其内化为自己的行为准则，从而形成良好的行为习惯和品质。

第三，要营造良好的管理氛围。良好的管理氛围不仅要求管理者对学生要真诚、尊重、理解、关怀和信任，同时更要求管理者时刻注重自身形象，把形象育人作为管理育人的重要方式。要建立全员育人的机制，形成全员育人、全程育人、全方位育人的格局。要创造丰富多彩的校园文化，校园文化具有丰富的内涵，对学生有潜移默化的教育和引导作用。通过校园文化活动使学生的业余生活更加丰富，能力得到锻炼，才干得到发挥，素质得到提高；使学生在浓郁的校园文化氛围中，身心愉悦，拓宽视野，获得全面、和谐的发展。

（四）依法管理

依法管理是依法治国方略在高校的具体体现。大学生管理中强调依法管理，是指大学生管理必须要以法律为依据，符合法律要求。也就是说，大学生管理过程中的决策、计划、组织和控制，都必须纳入法律轨道，不能违法违规。坚持依法管理，是大学生管理自身的发展需求。一方面，管理对象发生了较大变化，大学生的维权意识显著增强。另一方面，管理工作面临诸多新情况、新问题，如国家助学贷款违约、学生就业签约违约、学生意外受伤、学生心理问题及隐私保护等。这些新情况、新问题对大学生的依法管理提出了迫切要求。

首先，要增强法律意识，加强法律知识学习。中华人民共和国成立以来，国家出台了《中华人民共和国教育法》《中华人民共和国高等教育法》《中华人民共和国教师法》等关于教育的法律，国务院还颁布了《中华人民共和国学位条例》《普通高等学校学生管理规定》《教育行政处罚暂行实施办法》等200多个法规、规章，基本形成了以《中华人民共和国教育法》为核心的关于教育的法律法规体系。作为大学生管理者，不仅自身要认真学习这些法律条文，深刻理解，做到关键问题心中有数，疑难问题随时查询，同时，还要注意引导学生积极学习各种常用的教育法律、法规和规章，了解自己的合法权利、义务，增强依法维权和依法履行义务的意识，养成良好的学法、守法的习惯，为学生适应社会、推动国家法制建设夯实基础。

其次，要以法律为准绳，依法制订适用于学校实际的内部具体规章制度。目前，大学生管理的一般性法律法规已经比较健全，但是不同类型、不同层次、不同地区的高校有不同的学生管理具体实际，需要按照 2017 年修订的《普通高等学校学生管理规定》（中华人民共和国教育部令第 41 号）等法律法规，制订适合学校实际的内部具体规章制度。

最后，要严格遵守法律法规。要把对学生的规范管理与对学生合法权益的有效维护结合起来，既要严格要求，又要充分尊重和平等对待。尤其是在处理违规违纪学生时，一定要做到事实清楚，证据确凿，正确地使用法律法规，依据相关法律规定设计处理程序。做到不滥用职权，不越权，不以权谋私，公平公正。

第三节　大学生管理的过程和方法

一、大学生管理的过程

（一）大学生管理过程的界定与要素

1. 大学生管理过程的定义

所谓大学生管理过程，就是大学生管理工作者对影响和制约大学生发展和成长的各种因素及其相互关系及时做出相应调整，以实现整体目标的过程。大学生管理过程的实质，就是要把握组织环境、管理对象变化和发展的情况，并根据组织目标，适时调节管理活动，在动态的情况下做好管理工作。充分认识和掌握管理过程，可以从局部上理解管理行为的各部分内容，有助于做好大学生管理的各部分工作，还可以从整体上理解由各部分内容结合而成的全部管理活动，有助于做好大学生管理的全部工作。

2. 大学生管理过程的要素

大学生管理过程的要素主要包括：管理者、管理对象、管理手段和职能、管理目标。管理者即谁来管理；管理对象即管理什么，包括人、财、物、时间、空间和信息等；管理手段和职能，即运用什么样的手段和方法、发挥什么样的功能和作用等，也就是如何管理的问题，包括运用行政方法、法律方法、经济方法和教育方法等基本管理方法，对管理对象进行预测、决策、计划、组织、指挥、协调、激励和控制等；管理目标，即朝着什么方向走，最终完成什么目标。这四个基本要素相互作用，缺一不可。

（二）大学生管理过程的特点分析

大学生管理过程既具有一般管理过程的特征，如目的性、有序性、可控性等，又具有区别于其他管理过程的显著特点。与其他管理过程相比，大学生管理过程主要有以下三个方面的特点。

第一，大学生管理过程是一个大学生管理工作者与大学生双向互动的能动过程。大学生的管理工作是一种复杂的社会活动。社会的主体是人，人的活动构成了社会活动的基本内容。因此，在管理的过程中既要发挥管理者的主导作用，也要发挥被管理者的主体作用，并努力达到两者的统一。管理过程是管理者和被管理者之间相互影响、相互作用的一种双向互动的能动过程。作为管理者应该能动地认识和塑造被管理者，而作为被管理者则应该在管理者的启发和引导下，进行自我管理和自我教育，从而实现接受管理和自我管理过程的有机结合，使被管理者将管理者所传达的思想观念和行为规范纳入自身的思想品德结构中并成为支配和控制自身思想和情感行为的内在力量，即“内化”，实现由“管”到“理”，由“他律”到“自律”的飞跃。

第二，大学生管理过程是有效利用学校的各种资源，为大学生成长成才提供指导和服务的过程。大学生管理过程有别于一般管理过程，主要是因为它以培养大学生成才为根本目标，而要实现这一目标，就必须对学校的各种资源进行分析和管理，将人、财、物、时间、空间、信息等各种管理要素组织运转起来，以求有效利用这些资源，使之发挥最大的效益，为大学生的健康成长和成才提供有效的指导。

第三，大学生管理过程是与大学生教育过程紧密结合，保证教育目标顺利实现的过程。大学生管理工作者在对大学生实施管理的过程中应坚持管教结合，管中寓教，教中有管。当今的大学生不仅思想活跃，而且有很强的自主意识和自尊意识，这就对大学生管理工作者的管理水平提出了较高的要求。在管理的过程中，管理者必须寓情于理，寓意于行，不断提高管理工作的水平，力争使管理的过程成为被管理者受启发、受教育和实现内化的过程，并且促使被管理者把已经形成的思想观念和行为准则转化为自己外在的行为，养成相应的行为习惯，即实现由“内化”到“外化”，由“自律”到“自为”的飞跃。

（三）大学生管理过程的主要环节

大学生管理过程主要包括决策、计划、组织和控制四个环节。这四个环节是既相互区别，又相互联系的。

1. 大学生管理决策

大学生管理决策是指大学生管理工作者为了实现一定的目标，在充分掌握信息和对有关情况进行深刻分析的基础上，运用科学的方法，从两个以上的可行性方案中选择一个合理方案的分析判断过程。大学生管理决策过程包括：研究现状、确立目标、拟定决策方案、比较和选择方案等阶段性的工作内容。

（1）研究现状

有问题有待解决才需要决策，也就是说，决策是为了解决一定的问题而制订的。因此，制订决策，首先要分析问题是否已经存在，是何种性质的问题，这种问题是否已经对社会、对学校、对大学生自身以及未来发展产生了不利影响。分析大学生学习、生活等各种能力的培养，实践活动以及未来就业、创业等可能遇到的种种问题和面临的挑战，确定问题的性质，把问题作为决策的起点。当然，研究这些问题的主要人员应该是学校高层管理人员，这不仅是因为他们要对学校的发展负责、对学生的未来发展负责，还因为他们在学校中所处的地位使他们能够通观全局，易于找出问题的关键所在。

（2）确立目标

在分析了大学生学习、生活、各种能力培养、实践活动以及未来就业和创业等可能遇到的种种问题、面临的挑战或者说不协调之后，还要进一步研究针对问题将要采取的各种措施应符合哪些要求，必须达到何种效果，也就是说，要明确决策的目标。

（3）拟定决策方案

决策的关键在于选择，而要做出正确选择，就必须提供多种可供选择的方案。从实践来看，任何目标都可以通过多种不同的活动来实现，而不拟定几个实现它的决策方案的情况是很少的。因为对于主管人员而言，如果看来只有一种行事方法，那么这种方法很可能就是错误的。在这种情况下，主管人员可能就不再努力去考虑其他能够使决策做得更好的方法。

决策方案描述了学校为实现目标拟采取的各种对策的具体措施和主要步骤，但是，由于目标的实现可以采取多种不同的行动，所以应该拟定出不同的行动方案。

（4）比较和选择方案

要选择方案，首先要了解各种方案的优劣。因此，需要对不同的方案加以评价和比较。这种评价和比较主要包括以下几个方面。一是实施方案所需要的条件是否具备，具备这些条件需要付出何种成本；二是方案实施能够分别给学校和学生带来什么利益（包括长期利益和短期利益）；三是方案实施中可能遇到哪些问题，其导致活动失败的可能性有多大。

根据上述评价和比较，便可以找出各种方案的差异，分析出各种方案的优劣。在此基础上进行的选择，不仅要确定能够产生综合优势的实施方案，而且要准备好环境发生变化时可以启用的备用方案。确定备用方案的目的是对可预测到的未来变化准备充分的必要措施和应急对策，避免在情况发生变化后因疲于应付而忙中添忙，乱中增乱，或束手无策而产生这样或那样的损失。

2. 大学生管理计划

大学生管理计划就是在确定既定目标的前提下，进一步根据实际情况，科学地、及时地预计和制订实现一定目标的未来行动方案。具体来说，就是通过将学校在一定时间内的活动任务分解给学生管理的每个部门、环节和个人，从而不仅为这些部门、环节和个人的工作以及活动的检查与控制提供依据，而且为决策目标的实现提供组织保证。

大学生管理计划是一种协调过程，它为学生管理部门和学生管理工作者以及学生指明了方向。当所有有关人员了解了组织的目标和为实现目标他们必须做出的贡献时，他们便开始协调他们的活动，互相合作，形成团队。而缺乏计划则会走许多弯路，从而使实现目标的过程无效率可言。大学生管理计划还可以促使学生管理部门和学生管理工作者展望未来，预见变化，以及制订适当的措施，从而减少不确定性、重叠性和浪费性的活动。最后，大学生管理计划还能通过设立目标和标准以便于进行控制。在计划中必须要设立目标，而在控制职能中，人们又会将实际的绩效与目标进行比较，发现可能发生的重大偏差，采取必要的纠正行动。可以说，没有计划，就没有控制。

为了使大学生的各种组织活动更加符合环境特点的要求，必须对计划进行适时的调整。而滚动计划就是为了保证计划在执行过程中能够根据情况变化适时修正和调整的一种现代计划方法。这种方法根据计划的执行情况和环境变化情况定期修订未来的计划，并逐期向前移动，使短期计划、中期计划有机结合起来。

由于计划工作中很难准确地预测将来影响发展的各种变化因素，而且随着计划的延长，这种不确定性会越来越大，如果一定要按几年以前的计划实施，可能会带来一些不必要的损失。采用滚动计划能够避免这种不确定性所带来的不良后果。滚动计划的基本做法是，制订好学校在一个时期的行动计划后，在执行过程中根据学校内外条件的变化定期加以修改，使计划不断延伸，滚动向前。滚动计划方法主要应用于长期计划的制订和调整。主要是因为长期计划面对的环境比较复杂，采用滚动计划可以根据环境变化和学校内部活动的实际进展情况适时进行调整，以便于使学校始终有一个为各部门、各阶段活动指引方向的长期计划。当然，这种计划方式也可以应用于短期计划工作，如年度和季度计划的制订和修订。

3. 大学生管理组织

大学生管理组织就是高校学生工作管理者为了有效地实施既定的计划，通过建立管理机构，确定职位、职责和职权，协调相互联系，从而将组织内部各个要素联结成一个有机整体，使人、财、物、信息、时间、技术等资源得以最佳配置和利用。

大学生管理机构的设置是否科学合理，组织工作是否有效，直接关系着大学生的成长和未来发展，关系着大学生管理目标的实现。要有效地实施大学生管理，一定要使大学生管理组织机构科学化、合理化，因此，就需要构建科学的大学生管理机构并使之有效履行其职能。

（1）大学生管理机构及其职能

目前，各高校的学生管理工作已形成大致一致的组织结构形式，具体表现为：学校党委和学校行政—校党委副书记和副校长—学生工作处和团委—院系党总支副书记—年级辅导员—学生会。

①学生工作处。学生工作处同时具有行政管理职能和思想政治教育职能，既负责学生的招生、就业、奖惩、生活指导、日常行为管理等行政管理工作，又负责新生入学教育、日常思想教育和毕业生就业思想教育，如此安排为管理和教育有机结合提供了组织保障，有益于学生工作在学校党委的宏观指导下有步骤有计划地进行，克服管理和教育脱节两张皮现象。

②团委。团委在大学生管理方面的主要职能是：在学校党委的领导下，全面负责大学生团组织的建设和管理；负责对学生会和学生社团的管理和指导；组织和指导学生的社会实践活动和志愿者活动等。

③学生会。学生会具有比较完整的组织系统，包括校学生会、院（系）学生会以及各班级的班委会。学生会具有比较严密的管理系统，各部门、各成员

之间既有分工也有合作，既是相对独立的，又是一个整体。要使大学生管理工作有效实施，必须完善、巩固和依靠学生会组织。对学生组织，学校上级管理部门除了给予必要的指导外，在财力上也要给予一定的支持。同时还应该给予他们一定的权力和地位，充分发挥他们的积极性和主观能动性。由于学生会组织的结构设置涉及广大学生的方方面面，代表的是广大学生的利益，所以如何使学生会组织真正发挥学生与学校之间的桥梁作用，对有效实施大学生管理非常重要。

④大学生自我管理委员会。目前，有一些高校开始尝试设置大学生自我管理委员会，它一般挂靠在校学生处或团委，下面设立生活保障部、宿舍管理部和风纪监察部等机构。生活保障部的主要任务是参与创建文明食堂的宣传和教育，其目的在于美化就餐环境，维护就餐秩序，对不文明行为进行纠正和制止，创建文明的生活环境。宿舍管理部主要是与学校宿舍管理办公室或物业管理部门共同对宿舍进行管理，以求为广大学生创造一个清洁、安静、舒适的学习和生活环境。风纪监察部的主要职责在于整治校园环境，可定时、定点或随时随地对学生中发生的违纪行为进行监察，同时还承担着维护食堂秩序、学校巡视以及检查学生上课迟到和早退等方面的工作。

（2）大学生管理工作者的职务设计

著名管理学家哈罗德•孔茨说：“为了使人们能为实现目标而有效地工作，就必须设计和维持一种职务结构，这就是组织管理职能的目的。”为了提升大学生管理工作成效，各高校正在进行学生管理工作者的新的职务设计，力求实现学生管理工作者的“三化”——职业化、专业化和专家化。大学生管理工作是集理论性、知识性、实践性、时代性和时效性于一体的工作，它致力于大学生的成长和发展，应该成为一种专门的职业。

学生管理工作者既应该是学生教育管理服务工作的多面手，又应该是学生就业指导、生活学习指导、成才指导、心理咨询、形势与政策教育等方面的专业人才，唯有如此才能满足学生管理工作的需要，提高管理成效。在实际工作中，不仅要处理日常事务，还要认真研究学生工作中出现的新问题，要像专家和学者那样，把学生管理工作当作一种事业去经营、去追求，掌握学生管理工作的规律和艺术，成为学生管理工作方面的专家学者。

（3）大学生管理队伍的人员配备

为了进一步提高高校学生管理的水平和成效，各高校应该根据教育部的要求和实际工作需要，科学合理地配备足够数量的学生管理工作人员，在保证数量的基础上，专兼职相结合，不断优化结构。目前，各高校的学生管理工作基本都采取院系主要负责制，由院党委副书记、专职辅导员及兼职辅导员协同工作。此外，基于目前大学生就业形势日益严峻，不少高校在大学生管理队伍中尝试配备职业指导人员，旨在为大学生成功就业提供指导和必要的帮助。

4. 大学生管理控制

大学生管理控制是对大学生管理的计划、组织等管理活动及其效果进行测量和调整，以确保组织目标以及为此而拟定的计划得以实现的有效手段。大学生管理控制是大学生管理机构和每一位大学生管理工作者的重要职责，正确和因地制宜地运用控制手段和方法是使控制工作更加有效的重要保证。

控制是大学生管理过程中一个不可分割的部分，是管理的一项工作内容。但是，控制不同于强制，正如日本社会学家横山宁夫所说，最有效且持续不断的控制不是强制，而是触发个人内在的自发控制。

二、大学生管理的方法

科学实施大学生管理，不仅要系统把握大学生管理的过程，还要掌握行之有效的管理方法。大学生管理的方法是复杂多样的，各种方法都有其特殊的作用和特点。全面掌握和正确运用大学生管理的方法，是提高大学生管理效率的关键。

（一）大学生管理方法的内涵

大学生管理方法是指在管理活动中为实现管理目标、保证管理活动顺利进行所采取的工作方式。管理方法是管理过程中不可缺少的运作工具，它来自管理实践，而又与管理理论的形成有密切的关系。从某种意义上说，现代管理理论中一个又一个学派的出现，无不标志着管理方法的一次又一次创新。

管理方法作为管理理论、管理原理的自然延伸与具体化和实际化，是管理原理指导管理活动的必要中介和桥梁，是实现管理目标的途径和手段，管理理论必须通过管理方法才能在管理实践中发挥作用。管理方法的作用是任何管理理论、管理原理都无法替代的。如今，管理方法在吸收和运用多种学科理论和知识的基础上已逐步形成一个相对独立、自成体系的领域。

（二）大学生管理方法的类型及特点

随着大学生管理方法的日渐成熟，大学生管理方法已逐渐形成一个相对完整的管理方法体系。

1. 法律方法及其特点

大学生管理的法律方法是指以法律规范以及具有法律规范性质的各种行为规则为手段，调节大学生管理系统内外的各种关系，规范大学生管理行为的管理方法。大学生管理中所涉及的法律，既包括国家正式颁布的与大学生管理相关的法规，也包括各级政府机关所制订的具有法律效力的有关大学生管理工作的条例、规章和制度。法律方法的内容，不仅包括建立和健全各种法规，而且包括相应的司法工作和仲裁工作。这两个环节是相辅相成、缺一不可的。只有法规而缺乏司法和仲裁，就会使法规流于形式，无法发挥效力；法规不健全，司法和仲裁工作则会无所依从，造成混乱。管理的法律方法具有以下特点。

（1）严肃性

法律和法规的制订必须严格按照法律规定的程序进行，法律和法规一旦颁布出来后就具有了相对的稳定性。法律和法规不可因人而异，必须保持其严肃性。司法工作更是严肃的，必须通过严格的执法工作来维护法律的尊严。

（2）规范性

法律和法规是所有组织和个人行动的统一准则，对人们有同等的约束性。法律和法规都是用极严格的语言准确阐释其含义，并且只允许对它做出一种意义的解释。法律和法规之间不允许相互冲突，法规应服从法律，法律应服从宪法。

（3）强制性

法律、法规一经颁布就要强制执行，每个公民都应该毫无例外地遵守。否则，就要受到国家强制力量的惩处。

2. 经济方法及其特点

经济方法是运用各种经济手段，调节各种不同经济利益之间的关系，以获取较高的经济效益和社会效益的管理方法。对大学生管理而言，所谓的经济手段主要包括奖学金和罚款等。奖学金是指政府、学校、社会为表彰和鼓励优秀学生而设立的一种精神或物质奖励，其设置具有激励效应。这种激励效应是通过评奖评优等外在因素的刺激，使学生完成目标的行为总是处于高度积极状态，以进一步鼓励、激发、调动其内在的积极因素，即通过对优秀者、先进者某种行为的肯定和奖励以及对优秀事迹的宣传，达到鼓励先进，鞭策后进，引导全体学生共同进步、全面成才的目的。奖学金的项目和评选条件应能表达学校管理者对学生的期望，并且能对学生的行为方向和努力目标产生引导作用。罚款是对大学生违反规章制度给学校造成危害的行为所进行的经济惩罚。它可以制约和减少某些人的不轨行为。但是，罚款的名目和数额要适当，不能滥用。要防止用罚款来代替管理工作和思想工作的倾向，以免引起学生的不满和反对。奖励和惩罚最重要的是严明，该奖即奖，当罚则罚，激励正气，消除邪气。只有这样，才能使奖学金和罚款成为真正的管理手段。经济方法具有以下特点。

（1）利益性

经济方法是通过利益机制来引导被管理者去追求某种利益，间接影响被管理者行为的一种方法。

（2）关联性

经济方法的使用范围很广，不但各种经济手段之间的关系错综复杂，影响面宽，而且每种经济手段的变化也会引起多方面的连锁反应。有时它不仅影响当前，而且会波及长远，产生一些难以预料的后果。

（3）灵活性

一方面，经济方法针对不同的管理对象可以采用不同的管理手段。另一方面，对于同一管理对象也可以在不同情况下采用不同方式来进行管理。

（4）平等性

经济方法承认被管理的组织和个人在获取自己的经济利益方面是平等的。学校按照统一的价值尺度来计算和分配成果。各种经济手段的运用对相同情况的大学生具有相同的效力。

3. 行政方法及其特点

行政方法是指依靠行政组织的权威，运用命令、规定、指示、条例等行政手段，按照行政系统和层次，以权威和服从为前提，直接指挥下属工作的管理方法。行政方法的实质是通过行政组织中的职务和职位来进行管理。它重点强调职责、职权、职位，而并非个人的能力和特权。由于在行政管理系统中，各个层次所掌握的信息是不对称的，所以才有了行政的权威。上级指挥下级，完全是由高一级的职位所决定的。下级服从上级是对上级所拥有的管理权限的服从。行政方法实际上就是行使政治权威，其主要特点如下。

（1）权威性

行政方法所依托的基础是管理机构和管理者的权威。管理者权威越高，他所发出的指令的接收率就越高。提高各级领导的权威，是运用行政管理方法的前提，也是提高行政方法有效性的基础。对于大学生管理工作者而言，必须努力以自己优良的品质、卓越的才能去提升管理权威，而不能只依靠职位带来的权力来强化权威。

（2）强制性

行政权力机构所发出的命令、指示、规定等对管理对象具有不同程度的强制性。行政方法就是通过这种强制性来达到指挥与控制管理活动的目的。但是，行政强制与法律强制是有区别的，表现为法律的强制性是通过国家机关和司法机构来执行的，只准许人们可以做什么和不可以做什么；而行政的强制性是要求人们在行动和目标上服从统一的意志，它在行动的原则上高度统一，但允许人们在方法上灵活多样。行政的强制性是由一系列的强制措施作为保证来执行的。

（3）垂直性

行政方法是通过行政系统和行政层次来实施管理的，因此基本上属于纵向垂直管理。行政指令一般都是自上而下，纵向直线下达的。下级组织和领导人只接受一个上级的领导和指挥，横向传来的指令基本上没有约束力。因此，行政方法的运用，必须坚持纵向的自上而下，切忌横向传达指令。

（4）具体性

相对其他方法而言，行政方法比较具体。不仅行政指令的对象和内容是具体的，而且在实施过程中的具体方法上也因对象、目的和时间的变化而变化。所以，任何行政指令往往都是在某一特定的时间内对某一特定的对象起作用，具有明确的指向性和时效性。

（5）无偿性

运用行政方法进行管理，上级组织对下级组织的人、财、物等的调动和使用不按等价交换的原则，一切根据行政管理的需要，不考虑价值补偿问题。

（6）稳定性

行政方法是在特定组织行政系统范围内适用的管理方法。由于行政系统一般都有严密的组织机构、统一的目标、统一的行动，以及强有力的调节和控制，对于外部因素的干扰有较强的抵抗作用，所以，运用行政方法进行管理可以使组织具有较高的稳定性。

4. *教育方法及其特点*

教育是指按照一定的目标、要求对受教育者的德、智、体等方面施加影响的一种有计划的活动。大学生管理中的教育方法主要是指通过深入细致的思想政治教育，激发大学生的积极性和主动性，引导大学生的思想和行为，以实现大学生管理职能的管理方法。教育是管理的基本方法之一。管理的中心是人，而人的行为总是受一定的思想支配和制约的，因此，在管理中就要注意做好人的思想工作，通过影响人们的思想去影响人们的行为，从而促进组织目标的实现。而大学生管理作为大学生教育和培养工作中的一个重要组成部分，更要注重运用教育的手段来增强大学生管理的教育性。教育方法具有以下几个方面的特点。

（1）启发性

教育方法重在通过通情达理的说服，启发大学生认同学校教育与管理的目标，并把个人的目标与学校教育与管理的目标紧密结合起来，从而使大学生能够自觉遵守大学生行为规范，积极主动地为实现学校的教育与管理目标而努力。

（2）示范性

大学生管理的目的在于促进大学生的全面发展，使其个性得以体现和完善。在这个过程中，大学生管理工作者的言传身教、人格魅力对大学生具有十分重要的示范作用。

（3）潜在性

对大学生的思想教育是一个春风化雨、润物细无声的过程，是一个全身心投入、彼此产生共鸣的过程，因而具有潜在性的特点。

（4）长效性

运用教育方法，可以帮助和引导大学生树立正确的世界观、人生观和价值观，从而对他们的行为产生持久的引导、激励和规范作用。

（三）大学生管理的主要方法

大学生管理方法一方面要接受管理理论的指导，另一方面要以自身的发展促进管理理论的深化和发展。因为大学生的活动及其形式总是千变万化的，现实的条件也不可能一成不变，所以实际的管理不可能照搬照套固定模式，正如著名管理咨询家汤姆·彼得斯说：“管理根本不存在一般模式，即使有也不是成功的标志……当然，管理并非无理可循，它也有一定的规则和原理，但正如有人所说：管理如同下棋，管理的规则和范例如同棋谱，分析棋谱绝对对棋艺的精进有帮助，但是棋谱不可能重复，一旦置身于问题的迷阵之中，解决的方法便没有规则可循了。所以，自然要相信原则，但应用原则时要艺术化，而且要使自己明白没有任何东西是可以永恒的，世上没有最好的管理方法，谁说知道了管理的永恒法则，上帝都会窃笑，任何执着于书本和信条的人都是傻瓜”。由此可见，采用任何管理方法都要有一定的灵活性，要具体问题具体分析，过分执着于信条往往会事与愿违。

1. 目标管理的方法

目标管理是由管理大师彼得·德鲁克于1954年提出的。德鲁克认为，为了充分发挥不同组织成员在计划执行中的作用，协调他们的工作，必须把组织任务转化成总目标，并根据目标活动及组织结构的特点将总目标分解为各个部门和层次的分目标，组织的各级管理人员根据分目标的要求对下级的工作进行指导和控制。目标管理要求组织内的每一个人、每一个部门全力配合实现组织的目标，对于分内的工作自行设定目标，决定方针，编订制度，以最有效的方法完成目标，并通过检查、绩效考核、评估目标等总结出尚需改善之处，作为后续目标设定的参考依据。

（1）目标管理的程序

第一，设定目标。设定目标包括确定学校的总目标和各部门的分目标。总目标是学校在未来从事活动方面要达到的水平，其实现有赖于全体成员的共同努力。为了协调大学生在不同时间地点的努力，各个部门的各个成员都要设立和学校目标相结合的分目标。这样就形成了一个以学校目标为中心的一贯到底的目标体系。在设定每个部门和每个成员的目标时，大学生管理部门和学生管理工作者要向学生提出自己的方针和目标，学生也要根据学生管理部门和学生管理工作者的方针和目标制订自己的目标方案，在此基础上进行协调，最后由学生管理部门和学生管理工作者综合考虑后做出决定。具体来说，设定目标就是要做到每个院系、每个班级在不同的阶段都要设定不同的目标，如学习目标、实践能力目标、纪律目标、卫生目标以及道德修养和人生理想目标等，并将此作为努力的方向。同时，还要注意目标一定要明确清晰、能够量化。要求要适度，既要具有挑战性，又是通过努力可以完成的。最后，还要为目标的实现设定一个时程，即实现目标要有一定的时间限定，不能无休止。

第二，执行目标。各层次、各院系的大学生为了完成分目标，必须从事一定的活动，同时在活动中必须利用一定的资源。为了保证他们有条件组织目标活动，就必须赋予他们相应的权力，使之能够调动和利用必要的资源。有了目标，大学生便会明确努力的方向，而有了权力，就会产生强烈的与使用权力相应的责任心，从而充分发挥自己的判断能力和创造能力，使目标执行活动有效地进行。

第三，评价成果。成果评价既是实行奖惩的依据，也是上下左右沟通的机会，同时还是自我控制和自我激励的手段。成果评价包括学生管理部门和学生管理工作者对学生的评价，学生对学生管理部门和学生管理工作者的评价，同级关系部门相互之间的评价以及各层次自我的评价。这种上、下级之间的相互评价有利于信息和意见的沟通，也有益于组织活动的控制。此外，横向的关系部门相互之间的评价，有利于保证不同环节的活动协调进行。而各层次高校学生的自我评价，则有利于促进他们的自我激励、自我控制以及自我完善。

第四，实行奖惩。学生管理部门和学生管理工作者对不同成员的奖惩，是以上述各种评价的综合结果为依据的。奖惩可以是物质的，也可以是精神的。公平合理的奖惩有利于维持和调动大学生饱满的工作热情和积极性，奖惩有失公正，则会影响大学生行为的改善。

第五，确定新目标。开始新的目标的管理循环。成果评价与成员行为奖赏，既是对某一阶段组织活动效果以及成员贡献的总结，也为下一阶段的工作提供了参考和借鉴。在此基础上，为各组织及其各层次、部门的活动制订新的目标并组织实施，便展开了目标管理的新一轮循环。

（2）实施目标管理应遵循的原则

①授权原则。即在大学生完成目标的过程中，学生工作管理者要对学生适度授权。

②协助原则。即学生工作管理者要为学生提供有关资讯及协助，并且要帮助他们排除实际执行中的一些困难，解决一些问题。

③训练原则。作为高校学生工作管理者，一方面要进行自我训练，以不断提高自己目标管理的水平，另一方面要训练学生，帮助他们掌握相关的方法。

④控制原则。目标的实现是有期限的，为了确保目标的顺利实现，学生管理部门和学生工作管理者在每一阶段中都要对学生的活动加以监督、检查，对出现的问题及时进行协助矫正。

⑤成果评价原则。成果评价原则由一系列原则构成，包括公开、公平、公正和成果共享原则。坚持公开原则就是要求公开评估，如学生进行自我评估，学生管理工作者进行客观评估。坚持公平和公正原则就是本着对事不对人的原则对目标完成情况进行客观比较。坚持成果共享原则要求充分肯定学生的成绩，将成绩归于学生。

2. 刚性管理的方法

所谓刚性管理，是指以规章制度为核心，凭借制度约束、纪律监督、奖惩规则等手段对组织成员进行管理。刚性管理是一种强调严格控制，采取纵向高度集权，以规章制度为核心的管理。规章制度往往以规定、条文、标准、纪律、指标等形式出现，强调外在的监督与控制，具有很强的导向性、控制性，其约束力是明确的。俗话说，没有规矩，不成方圆。任何一个组织机构的正常运行和效益发挥都离不开严格的制度和规范。刚性管理是保证一个组织健康、正常运转的必要的管理机制的一个有机组成部分，它是以“合于法”为基本思路的管理方式和手段。

大学生正处于成长的关键时期，极易受外界环境的影响，惰性的增长较为容易，判断能力、自我控制能力也比较差，在自身发展过程中，表现出强烈的自我矛盾倾向。如自我意识虽强，但缺乏自我监督、约束和调控的能力；有自我设计、自我奋斗、自我选择、自我发展的欲望，但是又受到自身素质、能力和社会环境的限制。在这种情况下，刚性管理不仅是必要的，而且是行之有效的。刚性管理的出发点并不是为了惩罚学生，而是在“法理”的前提下，达到规范学生、约束学生的行为，进而维护学校秩序，提高教育教学质量，提升学生的学习和活动效率，促进学生成长的目的。

刚性管理强调以外在的规范为主，它主要通过各项政策、法令、规章、制度形成有序的行为。管理者的意志通过这些具体条文体现，学生的一切行为都有章可循、有据可依，是非功过的评说都有统一的标准、统一的尺度。这些有形的东西不仅具有很强的可操作性，使学生有明确的行动方向，而且给学生以安全感和依托感，使学生放心地、充满希望地在制度框架内自由行动。实施刚性管理，应着力抓好以下几个环节。

（1）依法治校、依法管理，构建宏观管理体系

以管理主体结构为基础，构建新的学生宏观管理体系，以法制建设为手段，保证宏观管理的有序高效运行。随着教育活动层次和范围的不断拓展，教育行为的社会背景也发生了许多变化，学生不再被简单地当作学校管理的相对人，而是学校内部关系的权利主体，不仅承担义务，而且享有权利。2005 年 9 月，教育部新颁布的《普通高校学生管理规定》明确提出了学生所享有的六项权利和应履行的六项义务，为学生管理的内容和范围提供了依据。

（2）制订校纪校规，严格管理

学校为了维护教学秩序和教育环境，必须对违反校规和屡犯错误的学生（如考试作弊、旷课、斗殴等）给予处分。当然，在管理制度上对违纪的处分标准要依法和清晰，不能恣意专断地滥用学生管理权。在做出涉及学生权益的管理行为时，必须遵守权限、条件、时限以及告知、送达等程序规定，做到程序正当、证据充分、依据明确、处分恰当。

（3）建立日常工作制度

学生管理的日常工作，有相当一部分是可预见的、有规律可循的。建立规

范化的日常工作制度，既可以为学生工作在执行、管理方面提供制度上的保障，也便于监督，同时还能提高工作效率，降低工作成本，减少违纪现象。

3. 柔性管理的方法

柔性管理是相对于刚性管理提出的。进入 21 世纪，人类对管理的要求已经不再停留在严格、规范、科学的层面，而是更强调人与人之间的相互关怀和人格尊重，旨在不断追求人们的情感互动和心灵共鸣，从而共同实现组织目标。促进人的全面发展的管理活动越来越为人们所接受并运用。于是，柔性管理便应运而生。大学生管理亦是如此，它面对的是有思想、有感情、有追求的大学生，单纯的刚性管理已不能完全解决大学生管理中面临的许多问题，必须辅之以柔性管理。柔性管理坚持以人为中心，注重人文关怀和心理沟通，强调通过创建和谐的组织文化和共同的价值观来增强组织的向心力和凝聚力，从内心深处激发每个成员的积极性、主动性和创造性。柔性管理是刚性管理的完善和升华，以刚性管理为基础和前提，旨在使组织焕发生机和活力。如果说刚性管理主要表现为静态的外现行为，那么柔性管理则主要表现为动态内隐的心理认同。但对于大学生管理而言，不管是刚性管理，还是柔性管理，其目的都是促进大学生的成长和发展。因此这两种方法在大学生管理中如同车之两轮、鸟之两翼，是相辅相成的，应该做到“共融、共生、共建”，实现刚柔相济。

对高校学生管理工作者来说，柔性管理的精髓在于以学生为本，注重人文关怀，它强调在尊重大学生人格和尊严的基础上，充分调动大学生的积极性和主动性，使之在大学的学习、生活、能力培养、品格塑造、校园活动以及社会实践方面变被动为主动，变消极为积极，变他律为自律，促进大学生的自我管理、自我约束、自我完善，趋善避恶，使之成长为适应社会需求的高素质、强能力、富有良好潜质和品格的优秀人才。实施柔性管理，应该做到以下几点。

（1）确立“以学生为本”的管理理念

学生管理工作者在实施大学生管理时，必须确立“以学生为本”的管理理念，将“一切为了学生，为了学生的一切，为一切的学生”作为工作的出发点，整个学生工作围绕学生的全面发展来开展。基于此，必须改变以管理者和管理制度为中心的传统管理，实现工作方式方法由管理型向引导服务型的转变、由说教型向示范型的转变，真正体现“以学生为本”的工作态度，把保障和维护学生的利益放在所有工作的首位，以促进大学生全面协调发展为目标，把管理与大学生的幸福、自由、尊严、价值目标联系在一起，切实做到在情感上感动学生，在人格上尊重学生，在学习上激励学生，在生活上关心学生，在成才上引导学生。

尽一切力量在学生的学习、生活、实践等方面予以帮助和指导，最大限度地满足每一个学生成长成才的需要。

（2）进行个性化管理

柔性管理的职能之一就是协调，而协调关系只能从个体开始。也就是说学生管理工作者必须与相应的学生打交道，在打交道中形成共识，形成相似。心理学家在研究魅力时发现，人们对于与自己相似的个体容易产生好感，这是“相似性吸引”使然。因此，学生管理工作者应该从个体入手进行工作，实施个性化管理，凡事因人、因时、因地而异，充分考虑学生的个性特点、兴趣爱好、个人定位、个人素质和能力、优势劣势以及未来的职业目标等因素，既考虑学生思想动态、心理变化以及需求的共性，又要兼顾学生不同性格特点、兴趣爱好、未来职业选择和职业目标的差异性，进行有针对性（必要时可以一对一）的个性化管理。

（3）发挥大学文化的引领作用

大学文化虽然是一只无形的手，但却是一所大学的灵魂所在，它在塑造大学个性、凝聚广大师生员工的精神和灵魂方面发挥着巨大作用。健康向上、充满活力且体现时代精神的大学文化对学生价值观的形成、行为的规范、素养的提升具有潜移默化的影响，因此，在柔性管理中，应该发挥大学文化的引领作用，有针对性地将大学文化融于院风、班风、学风的建设之中，甚至融于一切活动中，以此培养大学生健康向上、积极进取的精神和良好的行为，使之不仅学会做事——掌握知识、发展能力，而且学会做人——养成良好习惯，形成健康人格、优良品德，促进大学生的自我完善和不断成长。

（4）建立健全激励机制

没有激励就没有动力，从某种意义上说，对大学生的管理就是围绕激励展开的，激励是大学生自主性、主动性、积极性、创造性和潜力得以持续发展的动力源泉。从管理学角度来看，人的所有行为皆由动机支配，动机又由需要引发，无论何种行为，其方向都会指向目标，并进而满足需要。基于此，对大学生的管理也必须从培养全面发展的、适应社会需要的人才出发，从大学生的具体需要、动机、行为、目标入手，建立健全大学生激励机制，关注大学生的思想、情感、心理以及行动，帮助学生进行目标管理，指导学生进行职业生涯规划，为每个人的个性化发展拓宽空间。创造一个激励学生提高素质、强化能力、健全人格、激发创新、追求卓越的文化环境，激发学生夯实专业基础、不断提高能力水平、加强思想品德修炼，使之成为有理想、有目标、有追求、有能力的优秀人才。

（5）注重身体力行

彼得·德鲁克在《有效的管理者》一书的前言中指出：管理工作在很大程度上是要身体力行的。如果管理者不懂得如何在自己的工作中做到卓有成效，就会给其他人树立错误的榜样。大学生管理的形式多种多样，如树立典型、学习材料、宣讲规范、个别谈心、反例警示、创造环境等，其中运用最多的是言教，而效果最好的是身教。身教重于言教。孔子说："其身正，不令而行；其身不正，虽令不从。"

当代大学生崇尚人格魅力，高校学生管理人员要实现对大学生的有效管理，必须先赢得大学生的尊重。而要做到这一点，除了自身德才兼备以外，还必须以自己的真诚无私去换取学生的真诚无私，以自己的善良正派去构筑学生的善良正派，以自己的务实强干去引领学生的务实强干，以自己的纯洁美好去塑造学生的纯洁美好。唯有如此，学生管理工作者才能以榜样的力量激励学生，以高尚的人格感染学生，以实在的行动带动学生，使之产生强烈的认同感，消除其对抗情绪和逆反心理，促使其真正做到言行一致，知行合一。大量事实证明，学生管理工作者的身体力行，不仅可以提高管理的实效性，还可以减少重复劳动和无效工作。

4. 民主管理的方法

在当前的大学生管理工作中，实施民主管理势在必行。对民主的追求是人的一种高层次追求。民主与人的素质有关，大学生作为文化素质比较高的人群对民主会有更高更切实的要求。对大学生实施民主管理，不仅有助于大学生学习、生活和社会实践活动的有效进行，还有利于大学生实现自身的全面发展。实施民主管理，应着力做到以下几点。

（1）尊重学生的主体性

对大学生进行民主管理，就是要求在对大学生的管理中重视人的因素，也就是重视大学生的主体性，把大学生视为具有独立人格的个体。目前，有些学生工作管理者忽视学生的主体地位和平等独立的人格，例如，部分规章制度是在学生不知情的情况下制订出来并要求学生遵守的，学生在这一过程中完全处于被动地位。再如，为了执行上级任务，忽视学生的意愿，单方面强制开展活动。要实施民主管理，大学生管理工作者必须转变态度，充分尊重大学生的主体地位，将其视为实现教育目标的主体，实现学校特别是大学生管理工作者与学生之间的互动，倾听学生的心声，反映他们的要求。对大学生的重视和尊重，会激发大学生对学校和学生工作管理者的信任与合作态度，进而支持其工作，如此就会达成学校和大学生管理工作者与大学生之间的相互信任、相互支持，从而取得良好的管理效果。

（2）正确认识学生的价值

大学生管理的对象是大学生，大学生管理的目的在于促进大学生身心的健康发展，使其个性得到张扬。在大学生管理中，应该充分发扬民主精神，把大学生既看作高校学生管理工作的对象，又看作管理的主体。目前，有些高校的学生工作管理者在进行管理和教育的过程中，缺乏民主精神，忽视人的自觉性，重制度，轻教育，工作简单粗暴，奉行惩办主义，脱离育人的宗旨，导致师生关系紧张，这种管理方法必须摒弃，应转而采取民主的方法。着力培养大学生的主体意识，引导大学生自我管理、自我教育、自我服务、自主发展等，促使其主体能力得到最大限度的发挥，为日后走向社会、走向工作岗位打下坚实基础。

（3）建立学生参与管理的新型管理模式

从大学生的心理特征来看，他们正处于心理自我发现期，在这一时期产生了认识和支配自我、支配环境的强烈意识，他们的思想和行为表现明显区别于中学生的相对独立的倾向，希望自己的意志和人格得到外界更多的尊重。他们对学校制订的规章制度、行为纪律会思考其合理性，不想被动地处于服从和遵守的地位，而是要求参与管理。根据大学生的这一心理特点，大学生管理应该打破传统的专制管理模式，激发大学生在管理中的主动精神和主人翁态度，鼓励大学生对学校的各项工作进行策略思考，形成民主管理的良好氛围，使学生真正地参与高校事务的管理，体现学生的主体地位。如建立学校与学生的平等对话关系，让学生参与教学工作、管理工作、后勤工作、社团工作，这样不仅可以减少潜在冲突的发生，而且可以改善学校及学生管理工作者与学生的关系，建立彼此合作、相互依赖、相互尊重、平等对话的良性互动关系和双方主体间的伙伴关系。

5. 系统管理的方法

所谓系统管理，即将相互关联的过程作为系统加以识别、理解和管理，以便于组织提高实现目标的有效性和效率。

大学生管理具有系统性管理的特点，主要表现在以下几个方面。

一是整体性。大学生管理作为一个系统是由多个子系统组成的，如教学管理、生活管理、社团管理、社会实践管理、就业管理等，这些子系统之间既是相互独立的，又是相互依存、相互影响和相互制约的。根据系统论思想，如果整个学生管理系统的各个子系统的功能都能正常发挥，那么整体的功能就会比较理想。即使某些子系统的功能发挥得不甚理想，只要能组成一个良好的有机整体，一般情况下也能取得较为理想的效果，这就是所谓的整体大于部分之和。

二是关联性。大学生管理工作中的各要素既相互区别，又相互联系、相互作用、相互依存，并各有分工。例如，社团管理与社会实践管理尽管分工不同，但彼此之间却又紧密相连，很多时候会表现得你中有我，我中有你。

三是环境适应性。特定的环境会造就特定的管理，大学生管理离不开特定的环境，例如，大学生专业知识的学习、实践能力的提升、品格素养的修炼等都需要在一定的环境中进行，离开一定的环境是无法完成的。学生管理工作只有具备了环境的适应性，能够顺应环境、有效利用环境提供的有利条件，才会富有成效。

四是动态平衡性。学生管理系统的各要素在时间、空间和资源上的不同组合，会随着宏观环境即社会的变化发展而变化发展，对宏观环境要保持灵敏的适应性。例如，在当今经济迅速发展的背景下，社会对大学毕业生的素质能力提出了更高的要求，上手快、学习能力强、富有创新精神成为许多用人单位的共同诉求，这就要求我们的学生管理工作必须改变传统的重知识灌输、轻学习能力和创新能力培养的教学管理模式，变单纯的知识教育为知识与能力培养并重的素质教育，加大社会实践的力度以适应社会需求。与此同时，还要保持系统的动态平衡，即让系统的各要素在各环节上保持相应的比例关系，以免系统内部失调，影响整个系统的正常运转。

五是目的性。大学生管理系统是一个具有多种目标的系统。在这一系统中，既有总目标，又有分目标，总目标、分目标有机结合形成一个目标体系，通过目标体系的不断优化，实现资源的有效利用，例如，一方面要最大限度地利用学校资源，另一方面还可以争取社会上一切可能的资源为我所用，以此推动学生管理工作的开展，使之为学生提供最大的发展空间。在大学生管理工作中实施系统管理，应着力抓好以下几个环节。

（1）建立大学生管理体系

建立一个多维立体的大学生管理体系，以最佳效果和最高效率实现管理目标。这一体系应包括：一个完整的大学生管理组织结构、一种符合大学生学习和成长特点的管理模式、一套标准化的工作流程、一套科学完善的大学生管理工作制度、一个行之有效的管理运作方案等。

（2）正确把握体系内各过程的相互依赖关系

在一个体系中，各过程是紧密相连的，往往会牵一发而动全身。因此，作为大学生管理工作者，应该力争在学生工作管理过程中做到统筹兼顾，实现体系内各过程之间的相互协调、相互配合，谋求 1+1 ＞ 2 的效果。

（3）正确认识自身的作用和责任

各部门及人员要正确认识和理解为实现共同的目标各自所必须发挥的作用和担负的责任。作为同一系统的各层次、各部门的管理人员必须各尽其职，各负其责，这样才能减少职能交叉造成的障碍，顺利实现大学生管理的目标。

（4）准确判断各管理部门的组织能力

大学生管理的决策者必须准确判断各管理部门的组织能力，在行动前确定资源的局限性，避免因决策失误或虑事不周而造成人力、物力、财力的浪费。

（5）根据目标和计划开展特殊活动

设定目标，并据此制订计划和方案，确定如何有效开展本体系中的一些特殊活动，使之能够高水平完成。

（6）通过测量和评估，持续改进体系

通过研究制订并完善测量、评估的制度与办法，建立评估制度体系，加强对评估指标体系和规范简便评估办法的研究，及时进行检查和评估，从而不断提高大学生管理的质量与水平，推进大学生管理目标的实现。

第二章 高校艺术教育概述

第一节 艺术、艺术教育与高等艺术教育

一、艺术

在《辞海》中，艺术是指人类将情感和想象作为特性的把握世界的一种特殊方式，即通过审美创造活动再现现实和表现情感世界，在想象中实现审美主体和审美客体的相互对象化。作为一种社会意识形态，艺术主要满足人们多方面的审美需要，从而在社会生活尤其是人类精神领域中产生潜移默化的作用。根据表现手段和方式的不同，艺术可进一步细分为表演艺术（音乐、舞蹈），造型艺术（绘画、雕塑、建筑），语言艺术（文学），综合艺术（戏剧、影视）。根据表演的时空性质，艺术又可分为时间艺术（音乐），空间艺术（绘画、雕塑、建筑）和时空并列艺术（文学、戏剧、影视）。

二、艺术教育

艺术教育具有悠久的历史，它伴随人类文明史而长存。当用历史的观点对艺术教育进行研究时，会发现一个阶段通往另一个阶段的连续与相继性，艺术教育在历史进程中的活力以及自由而有效运转的规律，古今中外教育家的教育理论和实践促进艺术教育的产生与发展。

我国现代艺术教育源于20世纪初，当时许多教育家都对艺术教育进行了相关描述。如蔡元培提出以美育代宗教，认为艺术教育能够“提高人们的审美能力，培养优美情操，丰富精神生活，以求得善良的道德风尚和开明的政治局面。”刘海粟提出：“艺术教育就是把艺术的精神，通过教育以培养育化人类美的本能和美的感情；同时还促使这美的本能向上发展和美的感情向外表现，

普遍地培育出良善的健全的人类。”这种以美育为核心的艺术教育思想奠定了我国各级各类艺术教育的基础。

目前学界对艺术教育的认识达成了初步共识，对艺术教育概念的理解可分为狭义与广义两个范畴。狭义的艺术教育特指专业性的艺术教育，强调以艺术学科知识的传承、发展为目标的专业人才培育，是一种学科本位的概括。广义的艺术教育是美育的一个重要组成部分，是密切关系到人类素质和人的全面发展的教育类型，是一种哲学本位的概括。

三、高等艺术教育

“高等艺术教育”是“高等”的“艺术教育”，指高层次的艺术教育或高级的艺术教育，是“高等教育”与“艺术教育”的结合体。它具有高等教育与艺术教育的双重特征，形成了独特的发展规律和功能价值。对高等艺术教育概念进行界定，首先要从高等教育入手。

“高等教育”包括“中等后教育”和“第三级教育”，是由各级各类高等学校或高等教育机构进行的各种层次、各种形式的专业教育。

对“高等教育”的界定主要包括以下四点：一是正规性，强调实施高等教育的机构的正规与正式。二是层次性，强调“高等教育”在教育体系中处于“高等”地位。三是专业性，强调所传授知识的“高等”和“专门化”。四是发展性，强调高等教育概念的时代性。如联合国教科文组织 1998 年 10 月发表《世界高等教育宣言》，把“高等教育”定义为：“由大学或由国家主管当局批准为高等院校的其他教育机构提供的各类中学后的学习、培训或研究培训。”又如，经济合作与发展组织在《重新定义第三级教育》的报告中指出：用“第三级教育”取代“高等教育”已成为经合组织国家高等教育发展的一个重要趋势。依据“高等教育”概念的界定，“高等艺术教育”中的“高等”也应该从四个方面体现。

①实施高等艺术教育机构的正规性。高等艺术教育必须是正规办学的高等院校内实施的艺术教育，既包括专业性教育，也包括非专业性教育。

②教育体系的层次性。高等艺术教育应是中等阶段后的高层次学习阶段，应兼具专业教育和非专业教育。

③知识的专业性。专门化、成体系的艺术知识是为培养专业的艺术人才服务的，是传承艺术的特殊技能和艺术文化的关键。对专门化艺术知识“高”“深”的挖掘，既能反映国家艺术发展的水平，彰显艺术学科的价值，又能延续艺术创作的生命，保持艺术的活力，所以它是专业高等艺术教育的主要内容。然而，

高等院校实施非专业的艺术教育的内容虽不需要在专门化的艺术知识领域搞精研，但应该是专业化艺术知识最浓缩的精华部分，正是由于在非专业艺术教育中的广泛应用，才使专业化的艺术知识不断地拓展其功用，提升自身的价值，并在与其他学科的交叉使用中衍生出新的“高”“深”的跨学科的专业知识。从这个意义上来看，艺术教育的“高等”又并非与非专业艺术教育完全没有联系。

④体现内涵的发展性，强调时代发展性的概念。高等艺术教育扩展到中等教育程度以上所有的教育，涵盖了包括专业艺术教育、职业艺术教育及通识艺术教育在内的各种艺术教育类型，实现了高等艺术教育概念外延的最大化，兼顾人的精神需求、知识发展的需要以及社会对艺术人才的需求。

所以，广义的高等艺术教育应是中等教育后的，由各级各类高等院校或高等教育机构所进行的各种层次、各种形式的艺术教育。

四、高等教育功能与高等艺术教育功能

（一）高等教育功能

在《现代汉语词典》中，“功能”是“事物或方法所发挥的有利的作用、效能”。《辞海》将功能定义为：“事功和能力；功效、作用。”在生物学中，功能指“维持某种有机体的生命或有机之过程”。社会学转借了生物学对功能的定义，并对这一含义进行了适当修正。社会学特别强调社会的系统，认为社会系统的构成要素间的相对稳定的关系，构成了社会的基本结构。结构和系统要素存在的状态决定了其功能，功能是系统客观上所具有的作用。

从社会学的视角来看，高等教育就是社会或教育的一个子系统，“高等教育功能”特指高等教育系统内部各要素之间以及系统与社会之间以一定的方式相互作用时表现出来的客观能力和产生的效果。高等教育功能具有自致性和客观性，是高等院校存在的内在依据。

（二）高等艺术教育功能

高等艺术教育的功能首先是为了满足人类基本精神需要的，这是艺术的特质所决定的。艺术作为时代的镜子，是某一时代审美理想的最集中表现，也是某一时代社会、政治、文化风俗的反映。艺术的特质决定了它是满足人类基本需要的精神产品。美国美学家梅洛·哈特查多雷安指出，创造艺术和欣赏艺术是人类的基本需要，这种需要表现在以下四个方面。

①通过创造艺术和欣赏艺术，洞察人自身的内在现实和其所生活的世界的现实，洞察这两者不断变化的外貌。可归结为满足人类追求真理的需要。

②通过创造艺术和欣赏艺术，发现理想的人和理想的世界究竟是什么样子。可称之为人类追求真理的境界（或完美的境界）的需要。

③通过创造艺术和欣赏艺术，可以使人进入梦境和其他虚幻的境界，使人生活在“可能的世界”而不是“现实世界”之中，使人的想象力自由驰骋，使人的理解力得到自由发挥，使人回望过去、预见未来、观看种种未曾看到过的东西。用莱布尼茨的话来说就是人类追求尽可能多的“可能性世界”的需要。

④通过创造艺术和欣赏艺术，可以达到一种内在的和谐与平静。这种快乐来自人对富有秩序的和有机统一的美的形式的体验。可以称之为人类对快乐的需要。

艺术的特殊属性决定了高等艺术教育的所有客观功能，如育人功能、社会功能及文化功能等，最终目的都是满足人类的精神需求，它决定着高等艺术教育功能的非功利属性及其功能实现途径的特殊性。

从社会学的视角来看，高等艺术教育既是高等教育的子系统，也是社会的一个子系统。

第二节　高等艺术教育的特殊性

查有梁在《控制论、信息论、系统论与教育科学》一书中，提出了系统科学反馈原理、有序原理、整体原理。根据这三个原理，可引申出教育模式的模式变换原理、模式孕育原理、模式包容原理。关于怎样研究教育模式，查有梁认为，根据教育这个大系统，可以分为宏观、中观、微观三个层次进行研究。研究我国艺术教育与国外艺术教育的联系与区别，分析的是期间的调整变换。依据客观事实，从系统科学的有序出发，推论出我国的艺术教育宏观建模的“序”：根据以人的发展、人的人文素养提升为价值取向构建的普通艺术教育人才培养模式；以人的生存，以学习艺术为谋生手段而逐步演变构建的专业艺术教育人才培养模式。在演变过程中又可以看到中观建模的“序”：在专业艺术教育发展的同时，派生职业艺术教育、师范艺术教育等多种人才培养模式。

根据查先生的模式包容原理的否定表述：“不应用综合教育模式，不包容相关模式形成的整体结构，就不可能成功地发挥整体功能。”立足艺术教育个体本位，分析高等艺术教育的特殊性，高等艺术教育在我国教育体系和高等教育体系中，具有的区别、联系、特征、序，以观高等艺术教育人才培养模式的特殊性。

一、艺术教育的高级阶段

在历史演变的进程中发现，一个没有艺术的民族和社会是不可思议的，没有艺术的教育也是不健全的。在人类社会特有的活动中，无论如何将伴随发自人内心的与天空、与大地、与江河、与冰雪高山、与飞禽走兽等的沟通与交流，而这种沟通交流形成了人与人之间的影响，而且是人对人施加的有益于生命存在和发展的影响，也许，这就是我们所认为的艺术教育。

简单来说，由艺术和教育结合而成的教育就是艺术教育。艺术教育有一个庞大的体系，有其独特的教育功能。在艺术教育史或教育史上，都已经清楚显现，凡从事教育，艺术的教育无比重要。而在教育中，培养一个艺术人才或为人的发展提供艺术知识，都应该从最基础的教育开始。在人接受艺术教育的整个阶段，高等艺术教育应该是人接受艺术教育培养的最后阶段，因此，高等艺术教育就应该是指艺术教育的高级教育阶段。

（一）高等艺术教育与基础艺术教育的联系

21 世纪是充满生机与活力的时代。尤其在我国，物质文明和精神文明的提高速度惊人之快，艺术教育的发展也催人深省。在过去的二十多年里我国开展了一次前所未有的大的基础教育课程改革。当高等艺术教育还在按部就班地进行时，当高等教育还在探索自己的生存发展时，基础教育已经轰轰烈烈地开始课程改革。改革的核心是“一切为了学生（人）的发展”。“艺术”作为一门课程，是改革力度最大的一门课程。即将接受高等艺术教育的学子，在越来越优化的基础教育系统学习中，大多已经接受过不同层次的、良好的校内外艺术教育。如果高等艺术教育反应迟钝，或者不具备相应的应变能力与时俱进，就难免会落后于学习者和社会要求。

从 21 世纪开始，中华人民共和国教育部对学校基础教育提出了音乐、美术、艺术课程标准的教学要求。其中围绕知识能力、过程方法、态度情感与价值观三个维度，提出了中小学生在九年义务教育和三年高中学习阶段中，需要掌握的艺术类的基础理论知识和一些简单的音乐美术知识技能，这些是作为一个普通公民应该具有的基本素养。这种艺术教育应该归属于大众教育的一部分，艺术素养和能力的培养分散在中小学生学习的十二年之中，课程学习作为人心智的开发、学习的调节，没有成为主要科目。中小学生在校接受的艺术教育的有效课时不会超过500节，程度要求不高，效果十分有限。

随着社会对艺术教育日益重视，教育者考虑到艺术人才培养的特殊性，尽量将专业的艺术教育提前。从1957年开始，我国中央音乐学院设立的附属中学、天津市音乐小学等一批具有专业艺术教育培养目的的中小学出现。其中比较有代表性的是各个专业院校的附属中小学。这类学校分为两种，一种是直属专业艺术院校的附中附小，其生源多经过严格的专业挑选。除了相应年龄段的比较薄弱的文化学习外，大大加强了专业课程学习，学校的专业课程与高等院校相差无几，培养模式完全是精英教育的模式，目的就是为高等艺术教育专业人才培养模式输送高水平的艺术专业人才。另一种则被称为专业艺术院校的后备人才培养基地，也有被称为专业院校附中附小的分校。这种类型的学校有自办的，也有寄居在普通中小学内的，在每年的基础教育新生招生计划中，划出一个教学单位对专业院校后备人才进行培训，这类学校的学生一般能享受较完整系统的基础教育文化学习，另外增加艺术专业学习课程，参加外聘高校艺术教师教学或艺术团体指导的应试专业学习。

随着社会进步和发展，我国家长对孩子的教育空前重视。我国特色的家庭教育使国内最好的大学也受到挑战，高等艺术教育受到的挑战更大。从20世纪80年代开始，中小学艺术教育就分为学校基础教育与社会教育两部分。由于家长介入，很多家庭开始主动将多余的钱投入孩子的艺术教育中。孩子学习之余另找艺术辅导老师，或参加艺术兴趣班学习等。这是一种完全出于学习者自愿的自发式艺术教育。很多孩子在幼儿园阶段，就在家长的支持下，接受多种形式的社会艺术教育。其教学目的定位明确，教学做到了“量身定做”，授课形式多为小组或个别课，能培养孩子艺术方面的才能。

高等艺术教育就是与上述基础艺术教育对口的艺术教育，在人们心中，高等艺术教育一直在培养专业艺术人才，是以典型的专才教育形式存在于高等教育体系之中。艺术对人的素养提升、对社会文明程度提升的教育价值，在中小学教育体系中逐渐被重视，但是高等艺术教育还并未被社会群体重视，高等艺术教育要避免看似“很有位”其实“位不高”的尴尬。

（二）高等艺术教育与基础艺术教育的区别

高等教育区别于一般基础教育的观点说法有二：第一，培养专门人才，发展科学，通过各种形式为社会服务；第二，高等教育是在从事创造性活动和富有成效的批判性研究的场所来传授知识。蔡元培先生在创办第一所高等艺术院校时的艺术教育思想就未停留在技术层面，而是强调艺术教育的人文性，艺术教育应帮助学生追求更有意义更有价值的人生。现如今，学生接受高等教育不仅重要，而且对教育和研究而言都是必不可少的部分。

在现代高等艺术教育之中，艺术技能、艺术知识、艺术创作、艺术审美鉴赏、艺术批评、艺术传播交流、艺术设计与创造、艺术设施发展、艺术社会学、艺术审美学、艺术哲学、艺术教育科研等，都是学习者要接受的最高级艺术教育。学习中必须完成人的健康发展。但凡真正的艺术人才，人心和人性好像都是散漫而不受约束的，因为这种人获得知识的过程、研究的领域不同于其他学科学生。如果单从技术层面进行高等艺术教育，那么经过学习的人可能是人格心理不健全的人。博大精深的高等艺术教育包括技术层面和文化层面，这是高等艺术教育与基础艺术教育明显的区别。

伴随高等教育的进程和社会的进步，高等艺术教育也出现了“通才教育”问题。艺术教育的最高级阶段也同样会有“学”与“术”，“需求性”“多样性”“多元化”等发展需求。高等艺术教育代表一个国家艺术教育的最高级、最顶尖教育水平，因此它也凭借培养人才、研究学问成为整个教育体系中的最高级阶段，高等艺术教育要在逐步专业化的教育过程中，完善学生的人格，帮助学生实现未来的发展目标，进一步完善知识和技能教育、心理教育、思想教育、价值观教育。

（三）艺术教育的最高级阶段

高等艺术教育是艺术教育的最高级阶段，主要体现在以下几个方面。第一，高等艺术教育在专业上的要求不再以进入更高层次教育体系为目标，而是最大限度地传授知识，发挥学生（人）的艺术天赋。接受高等艺术教育的人将完成学校系统教育的最高级阶段也是最终阶段学习。一个接受艺术教育的人的职责是具备从事艺术工作的能力，并且能为社会艺术的传播、发展起到重要作用。第二，学生在接受完高等艺术教育后将踏入社会，成为社会的一员。因此，帮助他们树立正确的人生观和价值观是高等艺术教育不可推卸的责任，而接受高等艺术教育的人，应该在审美情趣、文化传播、发展文明方面承担社会责任。第三，高等艺术教育应该更加突出在艺术创造上的优势，其本身既是传播先进技术的教育，也是促成新的艺术创作诞生的教育。艺术教育的所有高级属性都应该在高等艺术教育中显现出来。第四，在现代的高等教育中，高等艺术教育还应该既肩负为国家培养顶尖艺术人才的任务，又肩负丰富大学教育知识体系、发挥艺术学科辐射作用，促进大学人文教育发展的重要责任。即相对于非艺术专业类院校来说，高等艺术教育则更多地承担传播文化、美学教育等重任。高等艺术教育也应该存在于高等教育体系中，利用高等艺术教育的审美和教育功能，对高等院校的学生进行思想和精神层面的教育。高等艺术教育对人的心智和态度情感价值观层面的熏陶感染，是其他门类的教育无法替代的。这种高等艺术教育同样也是与基础教育中的艺术课程标准要求相对应的。

二、高等教育的组成部分

高等艺术教育是高等教育的重要组成部分。研究高等艺术教育在高等教育中的重要性就是从高等艺术教育本身，从一个分支、一个侧面，集中高等艺术教育集体研究的智慧，来研究高等艺术教育管理理论，求得整个高等教育的新发展。

（一）对人的全面发展和社会文明发展的重要作用

在高等教育中，高等艺术教育从本质和特性上属于美育范畴，因此，在高等教育中办好高等艺术教育，就是在认真落实我国的教育方针。换言之，在高等教育中办好高等艺术教育，对我国的社会主义建设事业，对为广大人民服务提供高素养人才，对教育与社会实践相结合，对提高国民素质，对大学生的创新精神和实践能力培养都具有重要作用。

促进人的发展与社会发展是高等教育的基本功能。“全面发展是学生的权利，社会和学校对于学生全面发展优先考虑的是自己的义务。全面发展的过程是自由发展，全面发展的内容是个性发展，全面发展的实质是和谐发展，全面发展是个性化发展，全面发展的根本是人的解放，是‘把关系还给自己’。”把全面发展的权利还给学生，完成高等教育促进学生全面发展的任务，高等艺术教育就是最好的载体和船桨。艺术是一种情感教育、趣味教育、人格教育，艺术是开发人大脑的有效教育。赫伯特•里德说：“在我们的教育中，务必把形形色色的审美活动提到首位，因为在创造美的事物的过程中，情感的结晶将会凝结为不同的模式，也就是不同的美的模式。”里德的话强调了高等艺术教育对于人的全面发展，对于推动社会文明发展都具有不可替代的作用。

（二）对高等院校的创新性发展的重要作用

自中华人民共和国成立以来，我国高等艺术教育院系逐年增加，研究和办好高等艺术教育，对整个高等教育体系的均衡发展具有重要的推动作用。

截至 2019 年 6 月 15 日，我国高等学校共有 2956 所，其中，普通高等学校 2688 所（含独立学院 257 所），成人高等学校 268 所。1988 年 4 月，国家教委（现更名为中华人民共和国教育部）颁发《在普通高等学校中普及艺术教育的意见》，提出在普通高等学校开设艺术选修课、普及艺术教育的要求；1996 年 7 月，国家教委颁发《关于加强全国普通高等学校艺术教育的意见》，对普通高等学校艺术教育的任务和做法进行了明确规定；2002 年 10 月，时任教育部部长的陈至立在《中国音乐教育》中说："美育与艺术教育的发展状况，在一定程度上代表和反映了一个国家的文明程度。"从 2006 年开始，每年由教育部办公厅颁发《关于在全国普通高等学校开展普及高雅艺术活动的通知》等。在 1988 年至今的 30 余年时间里，国家用法律法规的形式来推动普通高等艺术教育人才培养模式的构建，足可以看出我国高等艺术教育对人的全面发展的教育的重要性以及高等艺术教育所承载的传承中华文明的重要职责。

成为高等教育的组成部分，为国家培养大量的艺术专门人才，是高等艺术教育的重要职能。文化艺术从来都是每一个社会必不可少的重要组成部分，它承前启后贯穿于整个人类文明史之中。自古以来，在社会文化史册上，既需要能够承前启后的表现者，也需要从事专门艺术的研究者，更需要锐意创新的大胆探索者。这些都是高等艺术教育的社会责任。让从事高等艺术教育工作的人都掌握系统的专业知识，是高等艺术教育的学术责任。给所有踏出高等艺术校门的人一颗开放、平和、善良、上进的心，是高等艺术教育所承载的人类文明发展的责任。

成为高等教育的组成部分，为国家培养各类高级专门人才，也是高等艺术教育的重要职能。早在艺术教育思想出现之始，艺术教育的美育、艺术史、艺术创作与艺术评论四个基本方面就被教育家所重视。在艺术教育未形成系统理论之前，美育与哲学保持着紧密联系；艺术史是史学的重要组成部分；艺术创作与文学、自然科学相互交融；艺术评论是批判主义思想的重要表达方式。今天，当我们把艺术教育放到高等教育模式中，特别是放到非艺术专业的高等教育中的时候，艺术教育思想的上述四个基本组成部分，可以深入高等教育的各个学科和各个部分。哲学、文学、自然科学、历史知识以及批评精神，是一个有情趣的社会人所必须具备的重要的潜在素质。当然并不是学习艺术课程就可以代替哲学、文学、自然科学等学科的学习，但是艺术是可以使这些学科融会贯通的独特学科。在呼吁解放思想、赋予大学生更多学术自由的高等教育改革中，加强艺术教育能够起到上述作用。因此，在非艺术类高等教育中创设系统的艺术教育人才培养模式，是高等教育阶段富有社会责任的教育决策行为。

高等艺术教育是高等教育中"学生健康心理建设"的重要组成部分。社会科技的发展对未来大学生的要求越来越高，学生的学习心理负荷无疑越来越重。因此，高等艺术教育课程应该成为大学教育中不可或缺者的组成部分。从艺术教育的审美功能来看，它具有美化心灵、调节情感、提升审美情趣的作用；从艺术教育的认识功能来看，它具有超越现实、振奋精神、联想象征的作用；从艺术教育的教育功能来看，它具有健全大脑、健康心理的作用。古今中外的很多政治家、科学家、文豪要不就酷爱音乐，要不本身就是音乐家。鉴于艺术对开启人的智慧、健康人的心理的作用，在各级各类高等院校中创设艺术教育人才培养模式，是健全艺术教育本身，加强高校学生“心理健康建设”的必然选择。

高等艺术教育对促进大学文化建设具有重要作用。高等学校的校园文化，是直接影响大学生成长的环境因素，是高等教育机制中的一个十分重要的环节。高等艺术教育对高校建设具有本校特色的、健康向上的校园文化，形成良好的校风具有重要作用，而校风对大学生有潜移默化的教育作用。每一所高等学校都是一个相对独立的文化环境，校园文化是一种团体意识、精神氛围，这些特点都与艺术教育的特点相适应，也如古代儒家提倡的音乐一样有巨大的社会作用，可以改变社会风气，达到和谐的社会教育目的。艺术教育以其特有的凝聚力、团体参与形式，直接作用于精神层面的教育思想，它以美为情趣的教育内容是校园文化建设不可缺少的组成部分。

（三）区别于一般高等教育的人才培养模式

美国教育家亚伯拉罕·弗莱克斯纳认为，大学之所以具有极其重要的作用，是因为它具有独特的职能。他认为，在现代，不管哪个国家，无论在什么样的条件下创建任何一种类型的大学，学者和科学家主要关心的都是四件事：保存知识和观念、解释知识和观念、追求真理、训练学生以继承事业。亚伯拉罕·弗莱克斯纳根据上述观点，对美国、英国、德国的大学的特点与问题做了大量的批判性分析，他的批评主要涉及两点：一是“大学现在尚未触及的事”，即真正属于大学层次的研究和教育；二是大学不应涉足的事，即不属于大学而应由其他教育或培训机构做的工作，如一些低层次的服务工作等。亚伯拉罕·弗莱克斯纳认为大学教育只是整个教育事业中的一项，在整个教育事业中，大学只能履行其特定的职能而不能包揽过多。按照亚伯拉罕·弗莱克斯纳的现代大学论点，首先要确定的是高等艺术教育人才培养模式的特定的职能。换言之，是根据高等艺术教育的特定职能思考，首先要做好什么——保存艺术这一种独特知识和观念、解释艺术知识和观念、追求真理、训练学生，让艺术专才继承艺术事业和传承人类文明事业。这是高等艺术教育与一般高等教育人才培养模式的区别，从高等艺术教育特定的职能开始思考，明确定位，哪些是属于高等艺术教育的特定职能，哪些是艺术教育不能解决也不要涉足的事，高等艺术教育才会“不作茧自缚，不因循守旧，不依样画葫芦”，才有可能达到建立某种模式是为了超越某种模式的“此时无声胜有声”的境界。

从高等艺术教育特定的职能开始思考，在无比庞大的高等教育管理体系中，现代高等艺术教育的办学方式、教学内容、培养目标、学生来源等，都与一般高等教育有区别。

区别于一般的高等教育人才培养模式，是从现代高等艺术教育的管理这一个点切入的。就如同如下简单解释，高等教育模式主要包括三方面：人才培养体系、高等教育结构和高等教育体制。其中人才培养体系是高等教育的核心，因为教育活动以人才培养为中心；高等教育结构是基础，没有高等教育结构就无法发挥高等教育的任何功能；高等教育体制则是保证，没有体制就不能形成一定的机制，而一个系统活动的进行及其功能的发挥，都是通过一定的机制完成的。如果完全根据这些说法来阐述高等艺术教育与高等教育的区别，会是一个比较大的研究范畴，鉴于篇幅，本书围绕“人才培养”这一核心，从教学理念、学科建设、教学方法、教学评估、教学对象研究等方面来讨论高等艺术教育的特殊性，以区别于一般高等教育的人才培养模式。

1. 特殊的学术性与职业性

强调学术性还是注重职业性是高等教育办学思想的争论之一，能够把学术性和职业性结合起来共同发展是最好的处理办法，但是却很难做到。比如说，工科技术性院校更注重职业性，基础科学占多数的大学则多强调学术性；大学偏重学术性，地方大学则不能不考虑职业性。

高等艺术院校可以说是少有的、需要认真处理学术性与职业性的关系的高等教育类型。处理好学术性与职业性互相促进、相辅相成的关系，就能够创办高水平的艺术教育，也就突出了高等艺术教育人才培养模式的特征。

2. 特别的艺术教育人才培养模式

艺术教育是一种要求具备一定的技术操作能力的教育。不管从事音乐艺术的演奏、演唱还是美术的雕刻、绘画，具有精湛艺术本领的艺术人才从来不会被社会冷落，当他的艺术造诣达到一定水平时，艺术本身就可以成为职业。在现代，具备这种高超的艺术水平不能靠自学，在大家的艺术水平都比较高的时候，让许多愿意学习的人达到艺术的最高水平，是现代高等艺术教育的责任，也是高等艺术教育的目的所在。艺术的人文学科本质决定了艺术人才的成长离不开对学术的追求与钻研，包括对历史艺术经典作品的分析、钻研。最早的艺术教育人才培养模式就是艺术大师带着学生与艺术爱好者观摩创作过程与作品，在研究与批判反思中提升自身的艺术修养，而这种感知教学模式、情境教学模式今天仍然实用。这种临摹现场、亲身体验和模仿、跨越历史和现实的理想创造，引导个人刻苦练习，是高等艺术教育人才培养模式所追求的境界，也是高等艺术教育不同于一般高等教育人才培养模式的地方。

3. 现代的跨越多学科的课程体系

现在艺术对知识的需求范围是从未有过的广泛，这可能是人们始料未及的。举个很简单的例子，文艺复兴时期艺术大师加尔文的艺术作品题材十分广泛，涉及生物进化、解剖、文学作品以及商品经济等。而今天的艺术更是涉及计算机信息技术、物理材料学、化学材料属性、经济学，当然也离不开文学与哲学。科学技术的发展为艺术提供了创作的条件，新的乐器应用材料、电子合成多媒体技术、新型的色彩印染技术、新型的色彩原料、计算机辅助效果绘图，使任何一个进入高等艺术院校的学生应接不暇，现在的学生接受的高等艺术教育已经远不止他们的前人所学。艺术教育所要传授的新型的知识领域在向外扩展，其知识跨越文理科，甚至深入理工科的各个分支。在不断更新知识结构的同时，传统的历史、哲学、文学知识又是构成艺术家素养的要素。

4. 现代高等艺术教育的教学方式

艺术教育的丰厚承载、实践与理论的高度结合对高等艺术教育人才培养模式提出了新的课题。因为艺术具有思辨性质，形成的系统理论到现代才逐渐开始建立。传统的一对一的教学、师傅教徒弟式的技能传授式教学，都是个体心得体验言传身教的培养模式。这种人才培养模式直至现在仍然在各类高等艺术教育中存在，并被公认为是效果最好的教学方式。艺术强调人的主观的理解与认识，例如，教师教学生弹一首钢琴曲子，在教与学的过程中，明显存在对艺术作品一度创作的理解与二度创作的表现形式。“有一百个读者就有一百个哈姆雷特”，这充分说明了不同的人对艺术认识的多样性。艺术教育在基础教育阶段主要进行基础知识学习，到高等教育阶段则分为经典艺术作品学习再现、艺术创作、艺术评论等部分。其中经典艺术作品学习再现属于对前人的优秀艺术作品以及相关艺术史知识的学习；艺术创作则是相对程度较高的学习阶段，是在掌握前人创作技巧与创作思维的基础上的自我思辨；艺术评论是更高层次的要求，是明晰艺术理论与创作技巧的同时，洞悉艺术创作主要流派、主流审美观后对艺术作品的艺术现象进行的进一步艺术研究。因此从以上三个层次来看，高等艺术教育在教学中，既要针对学生个人的素质条件进行相应的学习内容和学习方法准备，又要根据学生的成长引导学生进行自我提升，还要让学生建立成熟的正确的艺术观。在现代，高等艺术教育人才培养模式面临超乎一般高等院校的挑战。

5. 教学评估体系建立

教学评估体系其实向来是一个有争议的概念，大家认为它容易导致大学学术僵化，但是又确实是教育质量反馈研究的重要一环。艺术本身属于抽象概念，因此任何的量化指标对于高等艺术教育都是不切实际的。在高等艺术教育领域，怎样考核教学质量的提高，是一个跟随整个教学的动态的考察过程。统一的量化要求有悖于艺术教育的本质，不可能求得艺术人才的个性发展。对比学生技巧的成长度、艺术理解的成熟度、艺术认识的完整性，远远胜过让学生做有标准答案的试题。艺术的实践性对学生的技能技巧提出了要求，因此考核高等艺术教育的教学效果，实践是重要一环。而由于艺术本身具有抽象性，其在考核中容易出现标准的混乱，甚至出现没有标准的情况，因此在考核中充分体现公平、公正、公开是高等艺术教育要解决的问题。艺术素质的反映是多方面的，技能技巧体现的是个人主观意识，理论知识的学习则是系统的。因此理论知识考核同样也是艺术教学评估的重要组成部分。高等艺术教育教学评估体系应该区别于一般高等教育评估体系，更多地把实践技能考核与理论知识考核相结合，并且均衡两者所占的比重，这样才能充分体现教学质量与效果。

6. 有较强的专业针对性的高等艺术教育研究

高等艺术教育的教学对象研究，主要是根据艺术教育的特殊性，突出较强的专业针对性。在高等艺术教育阶段，专业划分非常细致具体。针对不同专业的教育对象和不同的知识结构的搭配就有不同的研究。从研究学生的角度来看，学校尽量多地为他们提供可选择的课程，让学生根据自己的需要选择、搭配课程，能调动学生学习的积极性，有利于他们的个性发展。从学校来看，研究教学对象具有引导作用。学生根据自身需要选择课程，具有特定性；而学生无法预知的社会需求往往具有共同性，根据学生所学专业的特点为其提供系统的学习计划，是从长远和宏观角度对社会所需人才的调控的研究。

7. 软件和硬件建设的独特性

高等艺术学校学生的学习对学校的软件和硬件建设也有独特的要求。第一，因为艺术具有抽象性和技巧性，学生在学习过程中获得的书本知识相对于非艺术专业学科来讲有限得多，他们通过视觉、听觉等感官获得的经验相对于书本更为重要和直接。第二，高等艺术教育非常强调实践性，对于教学对象来讲，获得实践的机会非常难得。一次艺术实践需要策划、内容组织安排、现场关系协调、场地布置等。实际上，它是一次大型的具有学术性和社会性的，可以提升大学生艺术修养、积累实践经验的社会活动和教学活动。因此，高等艺术教育的软件和硬件建设的特殊性表现为：应该为学生提供齐全的经典艺术作品资料库，配备专门的艺术教育设备，提供可以进行各种艺术实践的条件。

第三节　艺术类专业学生的概念和特点

一、艺术类大学生的概念

对艺术类大学生的概念进行界定以及对艺术类大学生的来源，思想政治教育的主体、对象、基本内容、主要途径和基本方法等基本问题的了解，是总结艺术类大学生思想政治教育经验和不足的纲领，是分析原因找出对策的基础。

（一）艺术类大学生的界定

纵观目前各大学校的专业划分，当前高校中的艺术类大学生大致可以分为两种，一种是在专业的艺术院校中学习深造的学生，另一种是在其他综合类高校中学习艺术相关专业的学生。

（二）艺术类大学生的来源

艺术类大学生主要来源于两个方面，一部分是自小喜爱艺术，长期进行艺术训练和实践或在中等专业学校专门学习艺术专业知识并有志到高校中进一步探索与发展的学生。另有相当一部分艺术类大学生本身不具备艺术专长，只是因为艺术类高考录取对文化课的成绩要求相对较低，而通过参加普通文史或理工科考试考上大学的希望较为渺茫，所以避重就轻临时选择突击加入艺术类考生的大军。

二、艺术类专业学生的特点

学习艺术的大学生身上有所有大学生都具备的共同特征，同时，他们还有属于群体自身的突出特点。这些学生由于从小接受艺术训练，相比于其他学生在情感上更为细腻，在心理上更为敏感，在表达上更为流利，同时在遇到困难时容易退缩，很容易受到外界的影响。面对艺术类大学生与普通专业大学生的不同特征，应该本着具体问题具体分析的原则，正视高校艺术生区别于其他普通专业学生的特点。

（一）个性特征鲜明，自我中心意识强

艺术类专业学生的专业特点决定了他们在日常的学习和生活中会表现出和普通大学生不一样的行为特征。他们具有较强的自主性、自由性，具有创新的思维意识、敏锐的思维洞察力和丰富的思维想象空间。由于艺术生具有专业特长，他们的形象思维较为活跃，扩散思维和放射性思维能力也很明显。张扬的个性成为艺术生的突出特点，这种张扬的个性强调个体的主体意识，同时也使得他们的集体主义观念和团队意识相对淡薄。

（二）专业能力显著，文化知识匮乏

基于艺术类专业的特殊要求，部分艺术生经过一系列系统化的专业学习，还有部分学生迫于高考压力，选择“曲线救国”的道路中途转学艺术。艺术生在高考前要参加专业课考试，在专业课考试通过的情况下参加全国统一的文化课考试。不同于普通专业，在文化素质与学习方式上，艺术专业招生录取分数线相对文、理科低，这一现状也使得学生把专业成绩的高低看作高考成败的唯一标准，因此在平时他们将学习重心放在专业课的学习上，而忽视了文化课水平的提升。此外，针对艺术生的自身特点，大学的课程安排中文化课的比重也相对较低。在这样的教学体制下，艺术生的文化知识能力较为薄弱。

（三）思想情感丰富，理想信念缺乏

艺术生情感丰富，并且对新兴的东西的接受能力较强。但是在考虑问题时过于感性，缺乏深度，也易受情绪支配，不能理性地看待问题。再加上一些西方思想的影响，使部分艺术类学生沉溺于自我发展、自主选择中，没有明确的理想和信念，缺乏坚定的政治信仰，政治观念、道德观念也随之偏离了正常的轨道。

（四）易受外界影响，价值取向功利化

由于接受艺术教育需要较大的教育投资，因此大部分艺术生的家庭经济情况较好。良好的家庭背景和成长经历都对艺术生的思想行为具有潜移默化的影

响。艺术专业的特殊性让一些学生很早就接触到社会，部分艺术生在过多地接触社会后，逐渐产生了一些偏离正常成长轨迹的思维活动趋势。他们跟普通大学生比条件，跟周围同专业的同学比条件，跟其他艺术类专业的同学也要比，这种无休止的攀比心理使他们思想越来越偏执。在面临就业问题时，他们倾向于那些大城市中薪水高、条件好的工作。几乎没有人愿意去那些条件相对差一些的工作单位，而且也很少有人愿意去支教，去将他们学到的艺术知识教授给贫困地区的青少年儿童。

第三章　高校艺术类专业学生的人文素质

第一节　人文素质的含义

一、人文素质的内涵

人文素质是指教育对象通过教育等途径学习人类优秀文化成果后，将其内化为自身的文明涵养，对外体现的一个人在人文方面所具有的综合品质。人文素质包括个人的文化素养、艺术素养、道德素养、政治素养、历史素养等内容。人文素质不仅能体现一个人的外在形象，还能体现一个人的精神面貌，更是一个人的综合文明素养的体现。

人文素质与科学素质同等重要，只是二者的侧重点不同而已。人文素质强调我们如何做人，科学素质强调我们如何做事，只有二者结合，才能使人完整。因此，人文素质与科学素质是相辅相成的，共同构成一个人的基本素质。

不能将人文素质狭隘地理解为文化素质。文化素质是指人文知识在教育对象上体现的成效，即个人对人文知识的掌握程度；文化素质是人文素质的重要组成部分，但二者不能等同。

二、人文素质的主要内容

人文素质是一个人综合素质的体现，主要包括人文精神、完善人格、艺术审美和人文知识等内容。

（一）人文精神

人文精神是人文素质的核心，是对人的价值和人生意义的追求，强调尊重人的价值、实现人生意义，是一种普遍的人类自我关怀，表现为对人的尊严、价值、命运和权利的维护、追求和关切，对人类历史上遗留下的各种精神文化现象的高度珍视，对一种全面自由发展的理想人格的肯定和塑造。

人文精神不仅是精神文明的主要内容，而且会影响物质文明的建设。它是构成一个民族、一个地区文化个性的核心内容，是衡量一个民族、一个地区的文明程度的重要标准。一个国家的国民人文修养的水准，在很大程度上取决于国民教育中人文教育的地位和水平。

人文精神是一个历史范畴，随着人类社会的发展而发展，伴随时代的进步而进步。在不同历史时期，人文精神具有不同的内涵，我们应该做到与时俱进。在现代的高等教育中，大学生人文精神的培养要顺应社会进步、时代发展的要求，要用开放的心态、批判的精神、发展的眼光对待和看待古今中外的人文精神，取其精华，去其糟粕，让大学生辩证地对待人类文化，努力实现人生价值。

（二）完善人格

人格一词原来主要是指演员在舞台上戴的面具，表示剧中人物的身份、性格和角色特点。《普通教育和职业教育》解释道："所谓健全的人格，内分四育，即体育、智育、德育和美育。"我国近代史上著名的政治活动家、启蒙思想家、教育家、史学家和文学家梁启超在《新民说》第五节中写道："忠孝二德，人格最要之件也。"他认为人格就是指人的道德品质。

可见，人格包含的内容十分丰富，包括性格、特征、态度、行为习惯、气质、能力和思想观念等。人格对人的影响巨大，比学问和技术更为重要。世界各国对培养教育对象的完善人格都非常重视，都在追求"全人的教育""人的全面和谐发展"的教育目标。我国也不例外，从提倡"五讲四美"到"德智体美劳全面发展"的教育目标，从培养"有理想、有道德、有文化、有纪律"的四有新人人才目标到坚持"以人为本"的教育理念，都把完善人格作为重要的教育目标之一。在现代社会中，我们要把学生培养成能展示个性、尊重共性、积极上进、团结协作、追求真善美、意志坚定能自觉抵御不良习性的身心健康的人。

（三）艺术审美

艺术审美是人类审美活动中一种高级的、特殊的形态。所谓审美就是人们去感受、领悟客观事物或现象本身所呈现的美的过程。艺术审美是审美活动中的一种特殊现象，是指将艺术作品作为审美的对象，去审视艺术作品的真善美的过程，是一种比较成熟、纯粹的审美。

艺术教育的重要目标之一就是培养学生的艺术审美能力，不以功利心、实用态度去审视艺术作品。如果艺术院校的学生没有审美能力，不懂得欣赏艺术，就无法真正体会到艺术作品的真善美，就不能感受到艺术家在作品中所表达的深刻内涵。正如马克思说：“如果你想得到艺术的享受，你本身就必须是一个有艺术修养的人。”他还说：“对没有音乐感的耳朵来说，最美的音乐也毫无意义。”法国伟大的启蒙思想家、哲学家、教育家、文学家卢梭曾说：“有了审美能力，一个人的心灵就能在不知不觉中接受各种美的观念，最后接受同美的观念相联系的道德观念。”

高等艺术院校要以马克思主义美学理论为指导，树立科学发展观，培养大学生的审美能力和审美观，使其坚持正确的审美标准，树立正确的审美理念，形成审美精神品格。

（四）人文知识

人文知识是个人人文素质培养的基础，良好的人文素质必须以丰富的人文知识为土壤。人文知识掌握的多少将直接反映个人文化修养状况，同时也将影响个人在专业方面的发展。

古今中外，成功的艺术家大都有深厚的文化修养、广博的人文知识。例如，我国现代著名国画大师齐白石之所以能成为国画的一代宗师，获得“人民艺术家”的称号，就是因为他能博采众家之长，做到“读万卷书，行万里路”。晚年的白石翁自诩“诗第一，治印第二，绘画第三，写字第四”，对自己的诗文颇为推许。可见，人文知识的积累，有助于个人的成长。一个人文知识贫乏的人，不可能成为一代宗师。

高等艺术院校要重视大学生的人文知识教育，要加强引导，使大学生文化基础扎实，知识丰富，通晓历史，了解社会发展规律，与时俱进，成为全面发展的人才，最终成长为一名优秀的艺术工作者乃至一代宗师。

三、人文素质对艺术院校大学生的重要性

当今社会十分需要高素质的复合型人才，此类人才不仅要有精湛的专业技能，还要有良好的人文素质。高等艺术院校的大学生应该不断提高专业技能，更重要的是提高自身的人文素质。在高等艺术院校大学生的成长和学习过程中，人文素质具有非常重要的意义。

（一）有利于全面提高艺术人才培养质量

第一，加强艺术院校大学生人文素质培养是建设新时代中国特色社会主义社会的需要。当今世界，国家与国家之间的竞争是国家综合实力的竞争。国家

综合实力的竞争归根到底是人才的竞争。国家实力包括文化软实力，而艺术工作者是文化软实力的创造者之一，高等艺术院校的大学生是推进文化艺术建设的强劲的后备力量。高等艺术院校大学生人文素质的高低，将直接影响文艺工作队伍的质量和文化软实力的提升。中华民族要想屹立于世界民族之林，在国际上占有一席之地，就必须提高我国的综合国力，提升文化软实力。加强对艺术院校大学生进行人文素质培养将有助于提高我国的文化软实力，增强我国在世界上的竞争力。

第二，加强艺术院校大学生人文素质培养是社会进步的需要。社会的进步，需要高素质的人才。高素质人才是专业知识扎实、技术高超、人际关系和谐、具有较强的创新能力、道德高尚、有团队精神和奉献精神的人。高等艺术院校通过人文素质教育，可以使大学生步入人文艺术的殿堂，接受历史、文学和哲学的熏陶，从而培养学生的人文精神和人文素养；通过人文素质教育，可以使大学生形成正确的世界观、人生观和价值观，从而净化心灵，健全人格；通过人文素质教育，可以使大学生提高思辨能力、反思能力和逻辑思维能力，从而全面提高自身素质，推动国家经济发展、社会进步。

（二）有利于艺术院校大学生思想政治教育实效性的提高

思想政治教育是人类社会道德文化传承与创新的重要途径，是大学生人文素质培养的重要内容之一。二者虽然在内涵和侧重点等方面各有不同，但是在教育内容、教育目标、教育方法和教育功能等方面具有一致性和互补性，二者相辅相成，相互促进。所以，加强大学生人文素质的培养，既可以让人文素质教育和思想政治教育的优势互补，又有利于培养全面发展的人和提高教育的实效性。

高等艺术院校大学生是大学生群体中的特殊人群，他们既具有大学生的共性，又具有自己的特性。他们个性张扬、追求时尚、长于形象思维，但纪律观念淡薄、目标不明、比较随意、理想信念模糊。因此，高等艺术院校大学生的思想政治工作难度较大，任务艰巨。解决这一难题的有效途径之一就是加强对他们的人文素质的培养。

高等艺术院校在培养大学生的人文素质过程中，可以采取学习人文知识、参加多姿多彩的校园文化活动、教师的言传身教、艺术实践的锻炼、校园人文环境的熏陶等方式方法，逐步引导学生树立正确的理想信念与价值观念，培养学生自我学习、自我教育的意识和能力，注重身心健康，最终实现思想政治教育目标，提高人才的思想道德修养。

（三）有利于艺术院校大学生艺术创作品位的提高

宋朝文学家、书画家苏轼在《答张文潜书》一文中指出："子由之文实胜仆，而世俗不知，乃以为不如，其为人深不愿人知之，其文如其为人。"文如其人，不仅是指文人，艺术工作者也如此。古人云："学画者先贵立品，立品之人，笔墨外自有一种正大光明之慨；否则，画虽可观，却有一种不正之气隐跃毫端。文如其人，画亦有然。"

画如其人、字如其人、书（法）如其人……这些说的是艺术风格与艺术工作者的人格或个性是息息相关的。"画如其人，文如其人"，整个中国绘画史都贯穿着这个美学的观点，认为绘画作品的艺术美，主要源于画家的人品、气质，画家的灵魂美、风格美。如果一个画家品行不端，是不可能创作出好的作品的。

因此，我们不仅要提倡画家不断提高自己的艺术技巧，而且要求画家从政治上、思想意识上、为人处事上、是非观念上、学识修养上不断完善与提高自己。画家如此，书法家如此，音乐家如此，所有的艺术工作者都应如此。

中华人民共和国国歌《义勇军进行曲》的词作者田汉，是一位话剧作家、戏曲作家、电影剧本作家、小说家、诗人、歌词作家、文艺批评家、社会活动家、文艺工作领导者，是我国现代戏剧的奠基人，多才多艺，著作等身。他自幼读经史和文学名著，后考入长沙师范学校，深受校长徐特立和舅父易象的影响，学习为学做人的道理，开始发表作品并走上革命的道路。在日本留学期间，加入进步团体，回国后从事文艺活动和教育事业，积极参加政治活动和革命事业。田汉所创作的作品反映了时代的心声，号召大家团结共进。如果田汉没有读过经史和文学名著，不受他人的积极影响和了解群众疾苦与社会现实，也就不可能创作出深受人民群众喜爱的催人奋进的优秀作品，也许今天我们就不会听到《义勇军进行曲》。

人文素质的高低，是一个人成为艺术家还是普通艺术工匠的决定因素，也是世界上多工匠而少"大家"的原因。工匠只会模仿别人的作品，按规定程序生产别人作品的复制品。即使自己创作，也很难创作出有内涵的作品。艺术家则不同，通过千锤百炼，其人文知识不断丰富，对事物有了独特见解，这一切都会通过自己的作品反映出来。旷世之作可以产生惊天动地的影响，而复制品达不到这种效果。

高等艺术院校的大学生是未来的艺术工作者，不仅要努力学好专业技能，更重要的是要提升自身的人文素质。只有具备较高的人文素质，才能创作出优秀的艺术作品，才能提升作品的内涵、反映时代的心声，才能品鉴他人优秀之作。

（四）人文素质的培养和艺术素质的提高是相辅相成、相互促进的

从事艺术工作的人，包括艺术家和艺术教育工作者都知道人文与艺术的关系，艺术是人文的一种特殊形式，二者是相辅相成、相互促进的。艺术创作推动人文的发展，人文的发展推动艺术的进步。

纵观人类文明史，可以发现，凡是人文素质特别是人文精神高涨的时期，艺术必定百家争鸣、百花齐放，共同推动人类文明向前发展。我国春秋战国时期，先秦诸子涌现，他们来自社会的各个方面，都是有学问有才能的人，有的是通晓天文、历算、地理等方面知识的学者，有的是政治、军事方面的杰出人才。其代表人物如孔子、孟子、墨子、庄子、荀子、韩非子以及商鞅、申不害、许行、陈相、苏秦、张仪等，都是著名思想家、政治家、军事家或科学家。他们的代表作有《论语》《孟子》《墨子》《老子》《庄子》《荀子》《韩非子》等，这些作品对后世影响深远，至今流传。

文化上的空前活跃，直接推动了各种艺术的蓬勃发展。最具代表性的艺术作品是流传至今的四幅战国帛画，特别是《人物龙凤图》《人物御龙图》；青铜铭文（金文）及石鼓文代表我国书法艺术发展的第一个高潮，其风格或苍劲古朴，或清秀典雅，具有特殊的美感，为后世所珍重；音乐与舞蹈方面以屈原的《九歌》和成套的编钟、编磬为代表；此外，我国还以多功能的青铜器闻名于世，青铜器是集雕刻、绘画、书法、工艺于一体的综合艺术品，融实用、审美于一身。

近代的欧洲的文艺复兴运动也是一场人文与艺术完美结合、共同发展的运动，是人类文明史上的一次重大变革。文艺复兴这场文化运动对近代早期欧洲的社会生活特别是学术生活产生了深刻的影响。它于 13 世纪末期在意大利兴起，15 世纪后期扩展到西欧各国，16 世纪达到鼎盛时期，其影响涉及文学、哲学、艺术、政治、科学、宗教等各个方面。文艺复兴时期的杰出代表有文学三杰和美术三杰。文学三杰是：文艺复兴的先驱但丁，其代表作为《神曲》；人文主义的奠基者、近代诗歌的创始人、“人文主义之父”彼特拉克，其代表作为十四行体抒情诗集《歌集》；人文主义者薄伽丘，其代表作为《十日谈》。美术三杰是：列奥纳多·达·芬奇，其一生的三大杰作是壁画《最后的晚餐》、祭坛画《岩间圣母》和肖像画《蒙娜丽莎》；拉斐尔·桑西，其代表作圣母画像系列最有名的是《带金莺的圣母》（藏于佛罗伦萨乌菲齐美术馆）、《草地上的圣母》（藏于维也纳美术史博物馆）和《花园中的圣母》（藏于卢浮宫博

物馆）；米开朗琪罗·博那罗蒂，其代表作有《摩西》《被缚的奴隶》和《垂死的奴隶》。在这一场旷日持久的思想文化运动中，文学、诗歌、绘画、雕刻、建筑、音乐等方面均取得了突出的成就，推动了欧洲文化思想领域的繁荣。

从人类文明史看到人文与艺术是相辅相成、相互促进的，我们从个人身上也可以看到这种景象。以唐代的诗人为例，他们几乎都是书法家，有些虽然不是书法家，但也是书法爱好者。《古今图书集成·理学汇编·字学典·书家部》载录唐代书法家六百四十多人，唐代的著名诗人几乎全包括在其中。唐代诗人喜爱书法，欣赏评论书法，直接参加书法创作，把诗人的才情气质注入书法作品中，提升了诗歌、书法的艺术境界，丰富了书法艺术的内涵，提高了书法的艺术表现力。而诗歌，特别是那些题壁之作，又常借书法之美，增强其感染力，收珠联璧合、相映生辉之效。从上述两方面，我们可以看出，人文素质的培养与艺术素质的提高是相辅相成、相互促进的。当代高等艺术院校大学生要向我们的先辈学习，提高自身的人文素质，通过艺术学习更好地吸收艺术作品中丰富的人文知识和人文精神，提高审美能力，让自己不断进步，成为一名合格的艺术人才。

（五）有利于社会主义先进文化建设

推动社会主义先进文化建设，必须先抓好人才队伍建设。人才素质的高低决定文化的先进与否。一支落后的人才队伍是不可能建设好先进文化的。艺术工作者是社会主义先进文化建设的骨干力量，高等艺术院校大学生是其接班人。接班人的素质是社会主义先进文化建设成败的重要因素。

我国要实现社会主义先进文化建设目标——面向现代化、面向世界、面向未来的，民族的科学的大众的积极向上的具有社会主义特色的文化和文明。我们必须保证高等艺术院校大学生具备思想政治素质过硬、知识渊博、通晓历史、奋斗目标明确、创新能力强等条件，否则无法实现社会主义先进文化建设目标。要使高等艺术院校大学生具备担起重任的条件，人文素质培养是必不可少的。

四、艺术院校大学生需要具备的人文素质

文艺队伍建设实际是文艺人才的培养，邓小平同志高度重视文艺队伍建设，1979 年，邓小平同志指出：“必须十分重视文艺人才的培养。在一个 9 亿多人口的大国里，杰出的文艺家实在太少了。这种状况与我们的时代很不相称。”“在

人才的问题上，要特别强调一下，必须打破常规去发现、选拔和培养杰出的人才。”“只有成批的杰出人才，才能带动我们整个中华民族科学文化水平的提高。”

对于如何培养优秀的文艺人才和怎样建设一支出色的文艺队伍的问题，邓小平同志指出：“我们不仅要从思想上，而且要从工作制度上创造有利于杰出人才涌现和成长的必要条件。”

高等艺术院校要认真学习和贯彻邓小平同志关于文艺队伍建设的思想，努力提高大学生的人文素质，把他们培养成优秀的艺术工作者。

高等艺术院校大学生是未来的艺术工作者，是思想战线上的战士，是灵魂的工程师，其人文素质的高低将直接决定其作品的品位，进而影响他人。鉴于其今后从事的职业的特殊性和肩负的重任，国家和社会对高等艺术院校大学生的人文素质提出了更高的要求。

（一）崇高的艺德

我国北宋政治家、文学家、史学家司马光在《资治通鉴》里分析智伯无德而亡时写道：“才德全尽谓之圣人，才德兼亡谓之愚人，德胜才谓之君子，才胜德谓之小人。”这里明确地指出了思想道德对人的重要性，高等艺术院校要加强大学生思想道德建设。

高等艺术院校大学生要有强烈的社会责任感，创作积极向上的作品，自觉弘扬党的优良作风和中华民族几千年来形成的优良传统和美德，抨击社会丑恶现象，把爱国主义、集体主义、社会主义以及崇高的理想信念和高尚的道德品质注入广大人民群众的思想和行动中，做到“为人民服务，为社会主义服务”。

（二）广博的人文知识、深厚的人文底蕴

优秀的艺术工作者拥有广博的人文知识，能通晓历史、地理、哲学、民族文化等多方面知识，其创作的作品具有深厚的人文底蕴，能反映社会现实，激励人民群众团结奋进、勇于拼搏。古今中外的优秀艺术家都有良好的人文知识素养。北宋著名文学家、书画家、词人、诗人、美食家、唐宋八大家之一、豪放派词人代表苏轼，世人称其为“苏东坡”。苏轼在诗、词、赋、散文方面均成就极高，并且擅长书法和绘画，是我国文学艺术史上罕见的全才，也是我国数千年历史上公认的文学艺术造诣最杰出的大家之一。其散文与欧阳修并称欧苏；诗与黄庭坚并称苏黄；词与辛弃疾并称苏辛；书法名列“苏、黄、米、蔡”北宋四大书法家之一；其画则开创了湖州画派。列奥纳多·达·芬奇，意大利文艺复兴三杰之一，也是整个欧洲文艺复兴时期最典型的代表。他是一位思想深邃、学识渊博、多才多艺的画家、寓言家、雕塑家、发明家、哲学家、音乐家、

医学家、生物学家、地理学家、建筑工程师和军事工程师。他是一位天才，一方面，他致力于艺术创作和理论研究，研究如何用线条与立体造型去表现形体的各种问题；另一方面，他还研究自然科学，为了塑造出真实感人的艺术形象，他广泛地研究与绘画有关的光学、数学、地质学、生物学等多种学科。他的艺术实践和科学探索精神对后代产生了重大而深远的影响。

（三）求实创新的精神

优秀的艺术家都具有精益求精的艺术创作态度和扎实的专业功底，不以物喜，不以己悲，愿意为自己钟爱的艺术事业奋斗终身。高等艺术院校大学生要有坚定的艺术信仰、执着的艺术追求，在求学过程中认真学习专业课程和人文知识类课程，脚踏实地地学好知识，掌握真才实学，提高自己的综合素养。

21 世纪是知识经济时代，是一个不断创新的时代。高等艺术院校要重视大学生创新能力的培养，大学生也要不畏常规，敢于超越，增强创新意识，提高观察、分析和解决问题的能力以及独立思考的能力和学习的能力，建立完善的知识体系。

第二节　高校艺术类专业学生人文素质的培养方法

高等艺术院校大学生在人文素质方面出现了诸多问题，引起了各方的关注和重视，加强人文素质的培养迫在眉睫。针对这一情况，应结合各高等艺术院校的实际情况，遵循教育规律，各方面齐抓共管，采取多种手段和措施。

一、更新艺术教育理念

（一）明确艺术教育的培养目标

不管艺术类各大专业有多大差别，其培养目标都应包含两方面的内容：一是把学生培养成适应社会发展和市场需求的创造型、能力型、实践操作型的高级艺术设计专门人才，二是把学生培养成人文素质高、适应能力强、发展潜力大的复合型人才。高等艺术院校要坚持“全人”教育的培养目标，向社会输送合格的人才，而不是培养只会做事但后劲不足的人才。

（二）树立以学生为本的理念

百年大计，教育为本；教育大计，学生为本。我们的教育要促进学生全面发展，实现艺术教育的培养目标，让学生成为社会主义现代化建设的接班人。

高等艺术院校不以学生为本，不关注学生的发展，学校的教育教学就容易迷失方向。毕竟艺术院校要培养有个性特长、德智体美劳全面发展的大学生，而不是像工厂那样生产同一品种、同一规格，甚至同一质量的产品。学生不是工业产品，不可能进行机械化大规模的生产，他们需要学校和教师关注共性、尊重个性、精心培养、因材施教，使他们扬长补短、全面地健康成长。学校要坚持做到一切为了学生、为了一切学生、为了学生的一切和教学育人、管理育人、服务育人，充分体现以学生为中心、以人为本的思想，充分发挥人的个性，使每个学生都得到发展，使每个学生的每个方面都得到发展，培养学生的创新能力，促进学生的全面和谐发展。

（三）专业技能与人文素质并重

专业技能与人文素质相辅相成，缺一不可。专业技能的长足发展需要人文素质的支撑，人文素质的培养与提高可以促进个人挖掘在专业技能方面的潜能并使其发挥到最大限度。社会需要的艺术工作者不仅要专业知识扎实、技能过硬，而且要具备渊博的人文知识、高尚的人格、较强的审美能力和强烈的人文精神。

二、提高生源质量

内因是基础，外因是条件。要提高高等艺术院校大学生的人文素质，就必须先提高艺术院校的生源质量，提高进入艺术院校的门槛。

近几年来，艺术高考非常火爆并且在持续升温，艺术教育市场十分广阔，报考艺术院校的生源较为充足，这为高等艺术院校挑选人才提供了有利条件。

高等艺术院校在挑选生源的时候，不能只注重考生的专业成绩，更不能为了那些专业成绩好而文化成绩差的考生降低入学标准，应该坚持原则，所招学生不仅要专业成绩优异还要文化成绩突出。在生源充足的情况下，高等艺术院校完全可以提高文化成绩的录取分数线，甚至可以坚持专业达标文化成绩优先的原则。这是因为学生进入高等艺术院校后，只要加强专业技能训练，专业成绩就可以大幅度提高，而人文素质则不可能迅速提高。所以，高等艺术院校要转变招生观念，严把入口，提高文化标准进而提高生源质量，为提高大学生的人文素质奠定坚实的基础。

（一）推进艺术教育教学改革

提高高等艺术院校大学生的人文素质，进行人文素质教育离不开教育教学，教育教学特别是课堂教学是人文素质教育的必要形式和手段。为了改变目前我国高等艺术院校大学生人文素质的现状，必须实行并大力推进艺术教育教学改革。

（二）调整课程体系

各高等艺术院校在生源质量、开设的课程种类和专业性质要求等方面存在较大差异，要在充分调查研究的基础上，结合本院校本专业的实际情况进行课程体系调整，确保课堂教学有序开展。高等艺术院校课程体系的调整，重点是提高人文素质教育课程的地位，增设人文知识的课程，确保按质按量完成教学任务，决不打折扣，建构一个合理有序的课程体系。

第一，在课程安排上，相关教学单位必须做到把人文知识课程与专业理论技能课程放在同等重要的位置，做到公平公正，决不偏袒哪一类课程。

第二，增设人文知识课程。目前高等艺术院校的人文知识课程并不多，增设是可行的也是势在必行的，特别是要开设能把专业与人文较好结合的人文知识课程，如艺术心理学、艺术哲学、艺术社会学等课程。如果是有实力的艺术院校，可以结合本校实际情况开发校本课程，这样可以使课程的针对性更强、效果更好。

第三，提高人文知识课程教学标准。艺术院校在调整课程体系的过程中，必须对人文知识课程严要求，特别是增设的课程，确保质量过关，最好能使之成为精品课程、学生欢迎的课程。如果只是追求数量的增加而不顾质量的提高，这类人文知识课程的开设就会流于形式，可有可无，对学生人文素质的提高没有多大效果。

第四，课程形式多样化。高等艺术院校开设的人文知识课程应该分为专业必修课、专业选修课、限定选修课、自由选修课以及专家报告会、系列讲座、专题研讨会等多种形式进行。这样既可以保证学生完成必要的人文知识基础课程的学习，又可以使之与专业结合，还可以让学生根据自己的兴趣爱好和特长自由选择课程。

（三）改变教学内容

实践是检验真理的唯一标准，市场是检验教学的标准。高等艺术院校的教学内容要根据时代的发展、社会的进步和市场的需求进行调整，不能一成不变。

1. 教学内容在于精而不在于广

评价一门课程的好与差，要看学生能从中学到多少知识、吸收多少精华。

如果一门课程只是一味追求内容的丰富而没有深度，最终学生也是不会认可的。如果课程的教学内容虽少，但精华部分比比皆是，让学生受益匪浅，同样会得到学生的认可。

2. 教学内容要与时俱进

高等艺术院校开设的各类课程都要注重教学内容的调整，做到与时俱进，人文知识课程也不例外。如人文知识类的课程中的思想政治理论课，有时国家会对教学内容进行调整，但可能教材更新较慢，此时就需要教师补充新知识新内容，让学生了解国家的最新要求。法律类课程也要时刻关注国家是否修改了相关法律法规，教学内容也要随着法律法规内容的变化而变化，否则教师教给学生的知识可能是过时无效的内容。

3. 教学内容要有特色

艺术院校与普通院校是不同的，教学内容应体现艺术院校的特色。同时，人文知识教育要体现民族传统。虽然教育要“面向社会，面向世界，面向未来”，但不等同于我们就不需要民族传统。艺术院校大学生必须了解民族传统文化，使自己的艺术创作立足于民族传统，在此基础上加以创新，才能得到世界的认同，才能得到市场的认可。

4. 精选教材

现在市场上的各类教材品种繁多，质量参差不齐，让人眼花缭乱。在选择人文知识课程教材时，高等艺术院校要坚持首选国家级精品教材的原则，挑选国家相关部门编写的教材或者普通高校的优秀教材，要做到宁缺毋滥、严格审查，决不能出现任何差错。只有这样，才能从源头上保证教学内容和教学质量。

5. 改进教学方法与手段

人文知识课程确定开设，教材精挑细选，教学内容有特色，那么如何才能上好这门课程呢？此时考验的是任课教师的教学方法和手段。

人文素质的培养主要是靠教师言传身教的影响和人文知识的熏陶，而不是简单的传授灌输。人文知识课程的教师在教学时要做到以身作则，用自己的一言一行为学生树立榜样，根据艺术院校大学生的年龄、身心、个性等多方面的特征，选择一种最适合他们的教学方法，用现代化教学手段辅以配合，准确无误地情真意切地向学生传授精心准备的学科知识，消除其内心的疑惑，使其精神得到升华，提高其人文素养，真正实现教育教学目标。

三、提高教师的人文素质

古人云："师者，传道授业解惑也。"教师应该做到"学高为师、德高为范"，不仅要精通本专业知识，还要有较高的人文素质，是学生学习的榜样。

（一）提高艺术专业教师的人文素质

艺术专业教师是高等艺术院校教师队伍的主力，并且是学生接触最多的人群。他们在人文素质方面表现出来的一言一行，都会对其所教的大学生产生巨大的影响，甚至影响大学生的一生。因此，高等艺术院校要狠抓艺术专业教师队伍建设，提高其人文素质。

（二）提高高等艺术院校教师准入的门槛

高校扩招以来，高等艺术院校的教师队伍随着学生人数的增加在不断壮大。部分艺术院校因学生的急剧增加而苦于艺术专业教师人手不足，在招聘新教师的时候降低要求，只关注应聘人员的专业能力，忽视了他们的人文素质。一般来说，新教师大部分是应届毕业生，一小部分来自企事业单位。这些人刚进行角色转换，缺乏教学经验，如再加上人文素质较低，容易给大学生带来不好的影响。

（三）加强艺术专业在职教师的人文素质教育培训

学无止境，教师也不例外。加强艺术专业在职教师的人文素质教育培训，有利于提高教师的人文素质，有利于促进教师专业水平的提高，有利于提高专业教师队伍的整体实力和教学水平，有利于教师树立良好的形象、展现专业教师的人格魅力。

高等艺术院校可以邀请知名的人文学者为教师讲学或培训，可以为教师提供外出进修的机会，可以开展学术讨论活动和社会活动，也可以聘请校内德高望重的老教师对青年教师实行"传帮带"。

（四）建立健全奖惩制度

高等艺术院校要对德艺双馨的教师进行奖励，使之成为全校教师学习的榜样，也为在校大学生做好表率，发挥他们言传身教的作用。同时，也要对那些素质较低、道德较差的教师进行惩戒，要求其限期改正，如有拒不改正者，就将其清除出教师队伍。

（五）提高非艺术专业教师的人文素质

高等艺术院校教师队伍中另一重要组成部分就是非艺术专业教师，主要是人文知识类学科的教师，他们同样对在校大学生有较大的影响，要注重提高他们的人文素质。

如果人文知识类学科的教师理论基础知识不扎实，专业水平不高，其所授课程就不会得到学生的认可，对学生人文素质的影响力度也就可想而知，甚至可能适得其反。某工作单位中有一位六十多岁的老教师，教授思想政治理论课，专业理论扎实，学术造诣较高，为人谦虚上进，一身正气。在给学生上课时从不使用多媒体教学设备，讲课十分投入，感染力极强，使得原本枯燥无味的思想政治理论课变成全院师生都爱听的课，赢得了大家的一致好评。他的学生受其影响极大，弘扬正气，学习刻苦。其所在部门在其带领下，刻苦钻研教学，团结进取，成为一个优秀团队。

如果人文知识类学科教师自身缺乏人文素质，对学生的影响力就可能变成破坏力。己所不欲，勿施于人。人文知识类学科教师必须重视自身人文素质的提高，时刻保持良好形象，发挥积极作用。

此外，非艺术专业教师队伍建设与艺术专业教师队伍建设一样，同样可以采取提高准入门槛、加强培训和建立健全激励机制等措施。

四、加强校园文化建设

校园是大学生学习和生活的主要场所，是影响大学生道德品质、行为习惯养成的环境因素之一，高等艺术院校要注重软件设施和硬件设施两方面的建设。

（一）开展丰富多彩的校园文化活动

校园文化活动是校园文化建设的主体，是校园文化最活跃的体现，开展丰富多彩的校园文化活动可以推动高等艺术院校先进文化建设，促进大学生人文素质的提升。

（二）加强教风、学风和校风建设

一所知名的高等艺术院校，必定有严谨的教风、好学的学风和优良的校风。教师的教风、学生的学风以及整个学校的校风是学校人文精神环境的主要内容，能够对学生的成长产生持久的、潜移默化的人文素质教育作用。优良风气会约束师生的言论和行为，成为推动学校事业发展的强大精神力量。

高等艺术院校要注重加强教师的师德建设，教职员工应该为学生树立好榜样，爱岗敬业，严谨治学，以自己良好的道德情操和模范言行影响带动学生，在讲授专业知识的同时，也应注意对学生进行思想政治教育，真正做到教书育人，为人师表。同时还应充分发挥学生的主动性，鼓励学生广泛参与，通过学校和教师的正确引导，在全校范围内形成一种优良校风建设人人有责、人人参与，用校风带动学风，教风学风促进校风的良好局面。

（三）开展经典阅读活动

高等艺术院校的教师，不管是艺术专业教师，还是人文知识类课程的教师，都要热心向学生推荐经典书籍，特别是要多介绍人文社科类书籍。大学生应主动地有选择性地阅读经典书籍，认真做好读书笔记，这样既可以增加自己的阅读量，又有利于提高自身的人文素质。

阅读书目应该包括古今中外的文学名著、历史书籍、哲学类书籍、美学类书籍、有关各地风俗习惯的书籍等。这些推荐书目必须是精品之作，不能滥竽充数，不然阅读活动的效果就会大打折扣。

（四）充分发挥图书馆的作用

图书馆是高等艺术院校最主要的人文素质教育阵地之一，其优势是课堂教学和其他课外活动都无法取代的。高等艺术院校要充分利用图书馆的优势，发挥其独特的育人作用。

1. 改善服务，发挥服务育人的功能

一方面，图书馆要提高馆内工作人员的素质，规范他们各方面的行为，为来馆学习的大学生树立良好的形象。另一方面，图书馆要转变服务观念，主动出击。图书馆应坚持以学生为本、服务育人的工作理念，充分调查了解大学生的阅读兴趣爱好，向大学生推荐优秀的阅读书刊，引导大学生多读书、好读书和读好书，让大学生对图书馆产生一种信任与亲近的感觉。

2. 利用自身优势，联手开展各类文化活动

图书馆是大学生读书学习的主要场所，也是他们研究交流的重要场所。高等艺术院校的图书馆应利用自身的便利条件，根据学校人才培养目标和工作部署，联手校内其他教学研究部门，开展丰富多彩的文化活动。

首先，与各教学院系合作，开展读书创作活动。例如，与思想政治理论课教学部合作开展“红色经典百日阅读”活动，培养大学生的爱国主义精神和集体主义精神；与公共课教学部联合开展“国学经典阅读”活动，让在校大学生深入学习中华民族优秀的传统文化，提高阅读品位；与各专业院系共同出题，

如利用某篇优秀文章或者一首古诗词，让大学生结合所学专业进行创作，寓教于乐，既可激发学生的专业创作热情，又可提高其作品的人文内涵。

其次，邀请知名人士，举行人文学科系列讲座。人文知识的积累、人文精神的培养需要长时间的熏陶，不能一蹴而就。图书馆举办的人文学科讲座，应在一定时期内先确定一个共同主题，分成不同方面，然后邀请学术界和社会名流向大学生宣讲某一特定领域或者某一行业的人文知识，持续不断地影响大学生的精神世界。

最后，举办各类主题展览。高等艺术院校图书馆应利用其身在艺术院校的地理位置优势，在不同时期举办各类主题展览，营造浓郁的人文氛围。例如，在五四青年节，举办“喜迎五四，才子佳人作品展”；每到大学生毕业前夕，举办“毕业汇报作品展”等。要求大学生根据主题要求，选送优秀的作品，认真评价展示的作品，学会欣赏他人的精心之作。在创作和欣赏过程中，让大学生感受生活中的美，提高艺术审美能力和人文素质。

（五）依托青年学生团队组织，提高其文化品位

高等艺术院校的青年学生团队组织包括学生党支部、院系班级团组织、院系学生会和各种学生社团，是青年学生学习交流、提升素质的地方，是进步组织。它们具备成员多、分布广、覆盖范围大、有奋斗目标等共同特点。高等艺术院校及其学生工作部门要加强对青年学生团队组织的领导，为其提供必要的支持，如为学生社团配备指导教师、提供社团活动场所、提供经费支持等，引导它们健康发展，从而吸引更多进步青年的加入。

同时，高等艺术院校要以青年学生团队组织为依托，大力开展各类人文活动，如人文知识竞赛、演讲、书法比赛等，奠定青年学生团队组织自己的文化基础并树立文化品牌，让团队组织成员积极投入社团人文活动中，支持学校人文环境建设。

（六）充分利用社会人文教育资源

我国幅员辽阔，每一个地方都有自己的历史、风俗习惯和文化传统，共同构成了一个庞大的人文教育资源网。在这个网络中，资源丰富且形式多样，各高等艺术院校可以根据实际情况，组织大学生去当地的文化馆、博物馆、名胜古迹等场所学习、参观。大学生在阅读当地这一部独特的历史文化和风土人情书本的过程中，会学到很多人文知识。

五、创造独具特色的校园人文环境

（一）加大投入力度

高等艺术院校可以设立一笔专项资金，专门用于人文素质教育建设工程。加大对人文素质教育场所和设施设备的经费投入，为人文素质教育活动的正常开展提供物质保障；为各种人文活动提供必要的办公经费，对于有特色、效果好、影响大的品牌活动要加大宣传力度并积极推广经验，对其举办者进行适当的物质奖励。

（二）改变校园布局

高等艺术院校不仅要在教育教学方面体现独特的专业特色，也要在校园建设和建筑物布局方面体现艺术院校的专业特色，做到与众不同、别具一格，在硬件设施中积淀人文精神。如学校教学区、生活区、运动休闲区等功能区的布局，校内道路、图书馆、人工湖等建筑物都应体现艺术特色与人文特色，让大学生在一个艺术与人文完美结合的优美环境中努力学习。

四川美术学院在新校园建设过程中，学院领导根据校内山头多的特点提出“绝不铲平一个山头，绝不破坏原生态的山际线、天际线”的建设理念，集中全院艺术设计智慧，倾力打造“十面埋伏”。所有建筑物都根据地形，“埋伏”在山头之间，建筑物与自然生态和谐共生。在新校区，看不到高楼，看不到挂满外墙的空调机，找不到两幢相同的建筑物。校内建筑物及其布局是经典的艺术作品，更是绝佳的人文景观，将人文与艺术的结合做到了极致。

六、充分利用网络宣传作用

既然网络是一把双刃剑，我们就可以充分利用其优势，主动发挥网络宣传的作用。

（一）加强网络法制宣传教育

高等艺术院校要预防在校大学生违法犯罪，就要先对大学生进行法制教育、宣传法律知识。网上的信息是丰富多彩的，网上的法律知识也是丰富多彩的。高等艺术院校可以充分利用网络资源和发挥大学生的专业特长，如举办法律知识宣传的艺术作品比赛，大学生可以制作 FLASH 动画、小游戏、漫画等。这样的法律知识宣传教育，形式新颖，趣味性强，青年学子容易接受，既能学习又能宣传，效果会更好。

（二）开展网上心理健康教育

一方面，高等艺术院校的相关部门和教师可以制作宣传短片、动漫游戏等利用网络向学生宣传、讲解心理健康常识；另一方面，大学生可以利用网络，如网上留言、发电子邮件、QQ、微信等形式向心理学教师进行咨询，解开心中的迷惑。

（三）重视网上舆论引导，积极开展网上教育活动

如今各高等院校都建立了学院网站，很多院校的校园网都有留言板、网络论坛等。由于网络世界是一个虚拟世界，人与人之间不一定要直接面对面，很多话可能在现实生活中不方便说出来，但是可以在网上表达。高等艺术院校校园网站的管理者要加强对网上各种信息的监管，防止不良信息在网络上的传播，时刻注意对舆论进行引导。思想政治工作者和普通教师也可以利用校园网的便利，选取一些焦点问题引导学生进行讨论，可以开展网上辩论会、学术研讨交流会、学科知识竞赛等。

（四）加强文化娱乐网站的建设和监管

高等艺术院校大学生比较关注文化娱乐网站，我们可以充分利用这一点。一方面，政府部门要对那些庸俗的文化娱乐网站进行严格管理，防止它们对大学生产生负面影响；另一方面，政府部门或者高等艺术院校可以集中力量建设一批优秀的文化娱乐网站和影音艺术资料网站，从源头上营造高雅、健康、积极向上的网络环境，引导大学生积极向上，同时也可以让大学生学习专业知识和人文知识。

（五）开设网上学习园地

一方面，高等艺术院校可以充分利用网络资源优势，将校内精品课程特别是优秀的人文知识类课程搬到网上，建设网络第二课堂，大学生可以随时随地根据兴趣爱好和实际需要选择课程。另一方面，图书馆同样可以利用网络资源，让大学生在线阅读与评议优秀的人文巨作。

开发优秀的网络艺术类课程。高等艺术院校可以根据本校学生的专业和兴趣爱好等情况，利用学校雄厚的师资力量，同时吸收一批专业和人文素质都非常出色的优秀学子参与，共同开发优秀的兼备专业性和人文性的艺术类课程，利用网络的开放性特点，让本专业和其他专业以及对本课程感兴趣的大学生不受时间和空间的限制进行学习和创作。

网络世界终归是虚拟世界，人们的生活不能脱离现实世界。高等艺术院校

要积极引导学生利用好网络资源，逐步回归到现实世界，处理好虚拟世界与现实世界的关系。

七、加强艺术实践锻炼

艺术源于生活又高于生活。如果艺术离开了生活，它将不再是艺术。艺术实践是高等艺术院校大学生学习艺术的必要环节。参加艺术实践锻炼，一方面有利于高等艺术院校大学生提高自身的人文素质，可以去发现生活中的美，可以对自己的学识进行检验，激发他们的创作热情；另一方面有利于高等艺术院校大学生了解当前形势下的国情，理解我国的社会制度和社会发展规律，增强自身的社会责任感和历史使命感。此外，还有利于高等艺术院校大学生陶冶情操，提高审美能力，树立为人民服务的思想。

（一）规范艺术实践活动

高等艺术院校开展的艺术实践活动，大学生必须参加，不能变成可有可无。制订有关艺术实践活动的制度，做到有章可循。保证艺术实践活动正常开展，如高等艺术院校要在人力物力财力上进行支持。检验艺术实践活动效果，如对参加实践活动学生的作品进行抽查，防止其流于形式、走过场。加强艺术实践活动中的学生管理，挖掘实践过程中的人文素材，让学生的艺术作品充满人文底蕴。

（二）创新艺术实践活动形式

采风、写生、实验、实习等都是艺术实践。高等艺术院校要根据学生的专业和学习阶段的情况，灵活采用不同的艺术实践形式。如中国音乐学院根据人才培养目标，对不同学习阶段的学生设计了实验、实训和实习三个不同的艺术实践形式。大学低年级的学生以学习基本的表演技能为主，其艺术实践阶段是实验阶段，主要方式是考试考核；中年级学生逐步进入实训阶段，可以开展以锻炼学生的艺术表现能力为目的的小规模的演出活动，如让学生参加校内、校际演出和社区演出等；高年级本科生和研究生进入实习阶段，可以组织他们参加大型巡演活动、出访、比赛、音乐节等，目的是让学生逐渐形成自己的艺术风格。

（三）鼓励大学生下基层进行艺术实践

艺术源于生活又高于生活。毛泽东同志早在 1942 年的《在延安文艺座谈会上的讲话》中就精辟而又科学地论述道：“人民生活中本来存在着文学艺术原料的矿藏，这是自然形态的东西，是粗糙的东西，但也是最生动、最丰富、最基本的东西……是一切文学艺术的取之不尽、用之不竭的唯一的源泉。这是唯一的源泉，因为只能有这样的源泉，此外不能有第二个源泉。”

2010年1月28日，“从巴黎到蓝田——艺术家西安驻地计划”活动正式启动，6位来自巴黎美院的艺术家与陕西省西安市的艺术家一起到陕西省蓝田县玉山镇的一个山村，体验为期近5个月“劳作 + 创作”的全新生活方式，与当地农户一起劳作、生活。在随后的几个月中，这些艺术家一边体验生活，一边进行艺术创作，同时还在多地举办了多场艺术展，展示他们优秀的作品。

高等艺术院校通过组织大学生深入基层、深入工农生产的第一线进行社会实践活动，可以让大学生了解社会，了解历史，积累素材，在传承民族优秀文化过程中推陈出新。只有深入生活、体会生活，在生活中寻找创作素材和灵感，在实践中总结经验，高等艺术院校大学生的创作才会有激情，他们的作品才会有活力和吸引力。

第四章　高校学生管理的发展与创新

第一节　大学生管理的发展

一、大学生管理的历史经验与创新路径

（一）大学生管理的历史经验积累

大学生管理的实践，特别是改革开放以来的探索，为大学生管理积累了基本经验，主要包括以下几个方面。

第一，遵循国家教育方针，确保大学生管理的正确方向。

国家教育方针，是国家在一定历史时期内为完成该时期的基本路线和基本任务，对教育工作所提出的总的指导方针。国家教育方针规定了我国教育的总方向和培养目标，集中体现了坚持党对教育工作的领导，坚持教育为社会主义现代化服务、为人民服务，教育与生产劳动相结合，培养德、智、体、美全面发展的合格社会主义建设者和可靠接班人等要求。高校的一切工作都要紧紧围绕国家教育方针来进行。

大学生管理作为一种高校工作管理手段，是为国家的教育方针服务的，是为培养德、智、体、美全面发展的社会主义建设者和接班人服务的。实践证明，大学生管理一旦脱离了国家教育方针，就会迷失方向，就会偏离轨道，就会造成管理工作的混乱和校园失序。大学生管理工作必须紧紧围绕我国教育的总方向和培养目标，全面贯彻国家教育方针，为培养社会主义建设者和接班人服务。

第二，发挥育人功能，依据教育规律，科学管理。

管理是一门科学。大学生管理作为管理科学的一个分支，应遵循管理的一般规律，充分发挥其育人功能，科学、有效地进行管理。与一般管理工作不同，

大学生管理的对象是大学生群体，有其特定的指向性。改革开放以来，我国经济快速发展，社会结构发生了深刻变化，利益关系和利益格局重新调整，这给人们的思想观念带来了一定的冲击。

在新的时代背景下，大学生整体上树立了自强意识、创新意识、成才意识、创业意识，但与此同时，在一些大学生中也不同程度地存在着政治信仰迷茫、理想信念模糊、价值取向扭曲、诚信意识淡薄、社会责任感缺失、艰苦奋斗精神淡化等问题。因此，在大学生管理工作中，必须注意把握时代特征，根据大学生的具体特点，依据教育规律，探索大学生管理工作的科学方法，提高大学生管理工作的科学性，实现科学管理、有效管理，在管理中培养人和教育人，引导大学生树立正确的世界观、人生观和价值观，使大学生管理工作既符合大学生的实际状况，又符合国家的人才培养要求。

第三，完善学生管理制度，提高管理水平，依法管理。

依法建章和规范管理是现代学生管理必须遵循的原则，是贯彻依法治国、人才强国战略的必然要求。随着高校办学规模的不断扩大以及办学层次的不断提高，高等教育由精英化教育阶段步入大众化教育阶段，学校管理作为一种公共权力，其如何行使、怎么行使，日益受到社会各界的广泛关注。

同时，随着大学生群体法律意识的增强，学生维权活动增多，客观上要求在大学生管理工作中，必须依法管理，不断深化管理制度改革，健全管理制度，细化管理流程，在涉及学生切身利益的管理活动中切实保障学生的合法权益。这就必然要求高校在大学生管理中根据自己的办学层次、办学特色和办学类型不断创新各种适合自身的办学管理制度，使之科学化、规范化。在完善学生管理制度的基础上，不断提高管理水平，提升管理能力，做到依法管理。

第四，坚持教育与管理相结合，形成齐抓共管的长效机制。

大学生管理工作涉及大学生在校期间学习和生活的方方面面。从对大学生的学籍管理、课外活动管理到对大学生的群体组织管理、安全管理，高校教学、科研以及行政管理各个部门和各个机构都相应地承担着管理学生的责任。

因此，大学生管理必须坚持教育与管理相结合，发挥高校各个部门和机构的合力，实现教学和管理部门间的密切合作，改变以往那种认为大学生管理只是学生工作部门的事，只有各院、系的辅导员和班主任才有管理大学生的责任等错误认识，形成齐抓共管的长效机制。这就在客观上要求各部门间权责明确，分工有序。只有在权责明确的前提下，才能做到全校工作一盘棋，形成齐抓共管的工作局面。坚持教育与管理相结合，形成齐抓共管的长效机制，还必须依靠体制和队伍方面的建设，如有些高校建立了学校各部门联席会议制度或学生工作领导小组等，都很好地保障了各职能部门间协调有效的运转和功能的充分发挥，增强了大学生管理工作的针对性和实效性。

第五，充分利用现代科学技术手段，不断创新管理方式方法。

随着时代的发展和科学技术的不断进步，大学生管理的对象和工作条件也在不断发生变化，这就要求大学生管理工作不断创新管理方式方法，以适应不同时期的新情况和新要求。因此，充分利用现代科学技术手段，如信息技术、计算机网络技术、测量技术、咨询技术、评估技术等技术，成为不断创新大学生管理方式方法的必然选择。

一方面，要求在大学生管理工作中充分利用先进的管理技术，积极推进办公网络化、自动化建设，在管理过程中重视对网络技术和相关信息技术的应用，将各种现代技术引入并渗透到大学生管理中；另一方面，要在充分利用现代科学技术手段的基础上，不断开发针对大学生管理实际的应用技术管理平台，建立诸如大学生信息管理系统、大学生管理网络互动系统、大学生综合管理办公系统等现代化的办公及服务体系，以科学技术的创新推动管理方式方法的创新。

（二）新时代大学生管理的创新路径

高校的学生管理工作不仅影响着高校的教育教学质量，还对学生综合素质的培养起着关键作用。在现代经济文化一体化的时期，我国各高校的人才培养工作面临着新的挑战，国家及人民对高校学生管理工作提出了更高的要求。高校对于学生的管理工作，应从思想层面着手，从根本上促进学生的成长，有利于实现学生身心与能力的同步发展。随着高校教育教学的进步，高校传统的学生管理工作方法已无法适应新时期国家教育教学的发展模式。因此，各高校应根据新时期国家教育教学背景下的新问题，积极调整管理学生的理念与方法。

从实际出发，培养高校学生的道德品质与专业技能，有利于为我国培养出高素质的人才。现阶段，我国各高校学生管理的完善工作，应始终坚持将促进学生身心共同发展作为教育教学理念，以为国家培养高素质、专业化人才为教育教学目标。在开展学生管理工作的过程中，应重视学生的核心地位，融入以人为本的管理理念。新时期高校学生管理工作的创新，有利于社会实用型人才的培养，更有利于高校教育教学水平的提高。在新时期，学生管理工作的强化，是高校获得长期发展的关键。对于学生德育工作的重视，是高校探索学生管理工作创新的有效途径，有利于促进高校学生的全面发展。

首先，高校学生工作的开展应结合党团工作。高校党团的工作内容是以高校学生的思想教育为主，将学生的思想教育与高校的政治工作相结合，充分发挥党员先锋的模范带头作用，为高校学生的学习生活树立榜样，有利于高校优良学风的形成，进而促进高校学生的全面发展。第一，创建党支部，创设学生党员入寝制，鼓励学生党员深入学生的学习生活及学生的日常生活中，协助高校教师解决高校学生的学习与日常生活问题。第二，新生入校后，高校负责学生管理工作的人员应向入校新生宣传学校党建工作开展的重要意义，引导新生主动参与宣传活动。第三，在学生实践的过程中，党支部应在不同时期做出相应的成绩，有利于高校及班级活动的顺利开展，更有利于提高高校党建工作的感召力。

其次，高校学生工作的开展应融合校园文化。高校的校园文化是高校发展不可或缺的部分，对高校学生综合素质的培养具有重要意义。高校的校园文化可以分为两种，分别是精神文化与物质文化。精神文化是指对高校学生正确的人生观、世界观及价值观的培养。例如，培养高校学生的爱国主义、团结友爱以及筑梦中国等精神。大型文化活动的开展，可以实现高校学生的人生价值，使高校学生明确自身的责任与义务，有利于高校学生优良的思想道德品格的形成。例如，开展文明寝室、文明班级的评比活动和社会文化活动等，有利于高校学生综合素质的提高。学生工作与高校物质文化的融合，主要可以通过改善校园环境、建设图书馆和体育馆等人文景观来实现。

再次，高校学生工作的开展应结合教育教学。高校学生工作的开展结合教育教学，有利于高校学生综合素质的提升。从教学计划着手，构建高校教学模式，有利于高校培养人才的教育教学目标的实现。除此之外，开设人文课程是学生工作与教育教学结合的方式之一。通过人文课程的开设，高校学生可以学习人际关系的处理技巧以及提升自身综合素质的技巧，有利于学生树立正确的价值观。高校的学生管理工作应注重国家人才的培养。例如，开设心理课与专业文化课，既有利于突出高校学生的专业特点，又有利于提升高校学生的综合技能，使学生的高校生活丰富多彩。对于高校学生的政治思想教育，高校学生管理工作的负责人应积极开展教学实践活动，增强高校学生的实践能力，有利于高校学生更好地适应校园生活。

最后，高校学生工作的开展应融合学生就业。为国家及社会培养可用人才，是高校办学的主要任务之一。高校学生工作的开展融合学生就业，有利于高校学生学习与实践技能的提升。提高学生就业和创业的能力是高校人才培养的主要任务，而且与高校学生的就业及未来发展密切相关。所以，高校应积极开办创业大赛与就业实践指导活动，指引学生认清社会现实，明确自身未来的发展目标，有利于高校学生树立正确的就业观，也有利于提升高校学生为人民及社会服务的意识，从而实现高校学生的社会价值。新时期高校学生工作的创新，应为学生创建良好的就业与创业实习环境，创建具有专业导向性特征的实践基地，加大与企业的合作力度，有利于提高高校学生的社会实践能力。

二、新时代大学生管理的情况

（一）大学生管理环境的新变化

1. 国际国内环境的变化

国际国内环境的变化决定了大学生管理环境的时代性。

第一，随着全球化的推进，我国在政治、经济、文化、教育等诸多领域的国际交流与合作日趋频繁，高等教育国际化进程加速。在这一过程中，将不可避免地受到西方敌对势力“西化”“分化”的影响，大学生是主要影响对象，面临着西方文化思潮和价值观念的冲击。与此同时，高校学生管理工作既要考虑吸收国际先进管理经验，又要保持我国大学生管理的特色。

第二，改革开放以来，我国社会发生了深刻的变化，大学生既是改革开放成果的最大受益者，同时也受到了改革开放诸多矛盾的影响和冲击。在高等教育从“精英教育”向“大众化教育”转变的过程中，越来越多的不同年龄阶段、不同学历层次、不同社会阅历、不同价值追求的人都有机会进入高校进修、学习，高校学生管理对象呈现出多样化的特点，大学生管理势必发生新的变化。

第三，随着高等教育法制化的不断推进，法治观念逐步得到普及，个人维权意识也不断增强，大学生不再简单地服从学校管理，而是需要在学校中获得更多的自由和权益保障，权利诉求不断增加。这就要求新时期的高校学生管理工作要做到“从严管理”与“以人为本”的有机结合。在此背景下，大学生管理体制的革新步伐必须跟上社会进步和形势的发展变化，进一步拓展学生管理工作的内容，管理方法和手段必须体现出时代特征。

2. 高校办学模式的变化

高校办学模式的变化增加了大学生管理环境的复杂性。

一方面，随着高等教育规模的不断扩大和高校后勤社会化的推进，部分高校由单一校区办学变成了多校区办学，校园由封闭式变成了开放式，部分地区甚至形成了大学城，在大学生中出现了生活社区化和成长环境社会化的新问题。大学生的学习、生活、社交、实践、娱乐等活动都呈现出走出校园、走进社区和走向社会的新趋势，这使学生群体管理由以前的建制式为主的群体管理向流动式群体管理转变，大学生的安全管理也面临着前所未有的挑战，这使大学生管理的难度有所增加。

另一方面，随着高校学分制和弹性学制的实施推广与不断规范，学年制整齐划一的教学管理模式逐步被打破，学生的班级观念逐步淡化，学生自主选择专业、课堂、修业年限等，形成了以课程为纽带的多变的听课群，使不同专业甚至不同学校的学生在一起学习。学生管理的对象不仅局限于本专业学生，还包括选修相关课程的其他专业或其他学校的学生，管理对象日趋复杂。同时，以统一的教学计划为依据，以学习成绩为主要指标的学生评价体系失去了可操作性，将年级和班级作为学生评价基本单位的难度增大，这可能会导致原有的学生激励机制失效。现行的以班级和党团组织为建制的大学生群体管理体制已不能适应这一新的变化，基层管理组织的作用被削弱。

学生就业、资助、心理等现实需求的增加，凸显了大学生管理环境变化的现实性。从就业管理来看，随着就业高峰的来临，就业难问题成为社会关注的焦点，也成为每个大学生最关心的现实问题。面对日益严峻的就业形势，大学生对于国家的就业政策和就业市场规律明显不适应，学生的就业心态、诚信观念也不同程度地出现了偏差，学生对学校提供的就业市场、咨询指导、职业生涯规划、就业服务等有较高的诉求，但这种诉求不是当前所有高校就业管理能够满足的。这就要求高校学生就业管理工作根据学生的现实需求，不断进行调整与深化，切实为学生成功就业铺平道路。从资助管理来看，伴随我国经济的快速增长，人民的生活水平虽然有了较大的提高，但目前在校大学生中经济困难学生的比例仍然较高，高校承载着不让任何一名学生因经济困难而辍学的任务。传统的资助管理只是对学生进行经济援助，使部分经济困难学生出现了情感负担重、上进心缺失等问题。所以，新时期的学生资助管理工作不仅要满足学生的物质需求，也要满足他们的精神需求，这使学生资助管理工作的内容大大扩充，工作难度也不断加大。从学生的心理健康发展来看，部分大学生不同程度地出现了一些心理问题，直接影响了大学生的健康成长和日常学习生活，心理咨询与调适越来越受到大学生的认可。但由于社会环境的影响和大学生成长环境的差异，学生的心理特点和心理问题也体现出较强的时代特征，新的心理问题不断出现，且发展性心理问题居多，这就要求在学生管理过程中，密切关注学生的思想和行为，根据学生的特点，切实有效地解决学生的心理问题。值得注意的是，目前不仅存在经济困难学生、就业困难学生和心理困难学生等单一类别，还不同程度地存在经济、就业、心理三方面困难复合型的“复困生”，这也使学生管理面临更多的矛盾，大大增加了学生管理工作的难度。

3. 互联网的发展引起大学生管理环境的变化

随着信息技术的进步，特别是互联网的发展，社会生产生活方式发生了相应的变化。互联网的发展增加了大学生管理环境的挑战性。

一方面，网络已经成为大学生获取信息的主要来源，大学生既是网络信息的生产者，也是网络信息的消费者，海量信息对大学生更新知识、拓宽视野有较大的促进作用，有效地激发了他们的学习兴趣、创新意识、竞争意识，使其形成了新的文化意识和文化精神。

另一方面，网络也给高校学生管理工作的有效开展带来了一定的负面影响。网络信息的开放性、快捷性、丰富性等特点，使知识的权威性受到质疑。网络的虚拟性、隐蔽性使网络成为有害信息的滋生地和传播地。在一些大学生中出现了沉溺于网上虚拟世界不能自拔、难以明辨信息而上当受骗，甚至网络犯罪等情况。对学生管理而言，网络是一把“双刃剑”，给学生管理工作带来了新的挑战，需要学生管理工作者具有网络化思维，在网络环境中加强对学生的正向管理，最大限度地消除网络对学生的负面影响。

（二）大学生管理对象的新特点

《中共中央国务院关于进一步加强和改进大学生思想政治教育的意见》（中发〔2004〕16号）明确指出：总体来看，当代大学生思想状况的主流是积极、健康、向上的。但在发展社会主义市场经济和对外开放的条件下，在各种思想文化相互碰撞的环境中，大学生思想活动的独立性、选择性、多变性、差异性明显增强，受到各种思想文化的影响明显增多。一些大学生不同程度地存在政治信仰迷茫、理想信念模糊、价值取向扭曲、诚信意识淡薄、社会责任感缺失、艰苦奋斗精神淡化、团结协作观念较差、心理素质欠佳等问题。

从横向上看，不同学生群体由于理想追求、知识水平、生活背景、努力程度不同，表现出了明显的差异性。从党员群体来看，他们是当代青年大学生中的优秀分子，代表着青年的发展方向，是大学生的标兵，是党与大学生联系最紧密的桥梁和纽带。他们理想信念坚定、政治意识强、政治认同高，价值观、人生观积极向上；热爱祖国、热爱人民，关注国家大事，崇尚良好的社会公德；富有正义感、集体荣誉感和团队精神，自我管理能力与帮扶助人意识强。但部分学生党员也表现出了党性修养不足、功利性明显等特点。从学习优秀学生群体来看，他们学习目标明确，有强烈的求知欲和探索精神；敢于坚持真理，敢于开展批评；珍惜时间，讲求效率；具有良好的学习习惯，能自觉遵守学校纪律和公共秩序。但也有部分学习优秀的学生表现出了高高在上、脱离群体、不愿参与集体活动、缺乏集体荣誉感等特点。从后进生群体来看，部分学生理想信念模糊，缺乏社会责任意识；价值观念扭曲，依赖心理严重；秩序意识淡薄，处事随心所欲。从经济困难学生群体来看，表现出了多样化的特点。他们一般具有较强的上进心和艰苦奋斗的精神，自强不息，富有爱心，乐于助人。但部分学生过于敏感、精神负担较重，容易出现不同程度的心理问题。

从纵向上看，不同年级的大学生呈现出不同的特点。以本科生为例，从大一年级来看，他们具有不同程度的考上大学后的自豪感和优越感，对未来的大学生活充满期待，自尊心强但心理承受能力较弱，参加集体活动的热情较高，期望尽快转变角色适应大学生活。部分学生也表现出对大学生活不适应、学习目标丧失、人际关系处理不当、理财与生活经验缺乏等特点。从大二年级来看，他们的学习目标逐渐明确，人生理想更加现实化和社会化，主动意识增强，学习意愿强烈，对自我的定位趋于理性。但也有部分学生受到情绪、人际交往、学习、生活、恋爱等的影响出现了不同程度的心理问题。从大三年级来看，他们的人生目标更加现实，学生群体开始逐步分化为保研、考研、就业等群体，且体现出不同特征。准备保研的学生学习更加努力，更加注意收集保研相关信息；准备考研的学生则开始“三点一线”式的规律性学习，参与集体活动的意愿明显减弱；准备就业的学生开始积极准备就业的“敲门砖”，考取各种证书成为热潮，学生开始密切关注学校和本专业的就业情况。从大四年级来看，上半学期所有学生都处于紧张状态，准备保研的学生四处奔波，准备考研和就业的学生压力增大，他们都会不同程度地表现出焦虑、急躁等特征。下半学期，除尚未找到工作的学生外，其他学生的学习、生活开始呈现出散漫的状态，学生的自由时间增加，社会兼职增多。毕业前夕更是表现出聚会多、安全隐患多等特点，毕业生离校教育管理的工作量大大增加。

（三）大学生管理任务的新要求

坚持“育人为本、德育为先”，切实解决大学生的实际问题，是高校学生管理任务的根本要求。大学生是十分宝贵的人才资源，是民族的希望，是祖国的未来。“培养什么人，如何培养人”成为高校教育管理的一项重大课题。高校必须紧紧抓住育人这个中心任务，坚持“高校教育，育人为本；德智体美，德育为先”的原则，从教书育人、服务育人和管理育人入手，坚持理论联系实际，贴近实际、贴近生活、贴近学生，切实为学生解决实际问题。

辅导员的职责和教育管理工作的任务主要体现为以下几点。一是做好学生日常思想政治教育及服务育人工作，加强学生班级建设和管理；二是遵循大学生思想政治教育规律，坚持继承与创新相结合，创造性地开展工作，促进学生健康成长与成才；三是主动学习和掌握大学生思想政治教育方面的理论与方法，不断提高工作技能和水平；四是开展相关工作的调查和研究，分析工作对象和工作条件的变化，及时调整工作思路和方法；五是注重运用各种新的工作载体，特别是网络等现代科学技术和手段，努力拓展工作途径，贴近实际、贴近生活、贴近学生，提高工作的针对性和实效性，增强工作的吸引力和感染力。

一体化运行、专业化发展、个性化服务、信息化促进、法制化保障是当前高校学生管理任务的现实要求。

第一，传统的学生管理已不适应富有时代性、复杂性、现实性、挑战性的大学生管理新环境，这就要求传统的学生管理向教育、管理、咨询和服务拓展，应将大学生管理的基本任务确立为大学生的群体组织管理、行为管理、安全管理、资助管理、就业管理以及管理的评估。大学生各管理部门应统筹规划、形成合力，实现学生管理工作的一体化运行。

第二，随着大学生管理环境的变化和管理任务的细分，以及管理对象要求的不断提高和变化，要求高校学生管理必须走专业化道路，保证学生管理的效率和效益。

第三，随着“以人为本”管理理念的深化和当代大学生个性的凸显，大学生管理任务必须实现个性化服务。通过富有针对性的学生管理，促进每一名大学生的顺利成长成才。

第四，网络使学生管理工作面临新的挑战，已成为学生教育管理的重要阵地之一。这就要求高校学生管理工作既要利用网络加强对学生的教育、管理和服务，形成网上网下教育和管理的合力，又要充分利用现代网络技术，建立信息化、网络化的学生管理系统，切实提高工作效率，更好地为学生服务。

第五，近年来，司法部门介入学校教育管理，法院受理大学生状告学校案件的现象已屡见不鲜，法制化已成为新形势下大学生管理的迫切需求。这就要求学生管理要严格遵守国家的法律法规，有法律有规定的必须按法律规定办，没有规定的，也必须符合法律的基本原则。高校在制订各项学生管理制度时，应该认真研究国家和地方的相关法律条文，注意听取学生意见，防止出现制度本身与法律法规相违背的尴尬问题，增强规章制度的科学性。只有这样，才能增强学生管理的权威性，才能维持学校的正常秩序。

第二节 大学生管理的创新

大学生管理在其发展的每一个历史时期和阶段都需要创造性的发展。当前，做好新时期的大学生管理，必须准确把握新时代大学生管理的新趋势，不断更新对大学生管理的认识，进而不断创新大学生管理的实施路径。

一、新时代大学生管理的趋势

（一）管理过程的规范化分析

大学生管理过程主要包括决策、计划、组织和控制四个环节，大学生管理过程的规范化就是要从这四个环节入手。

1. 管理决策的规范化

大学生管理决策是指大学生管理工作者在充分掌握信息和深入分析有关情况的基础上，运用科学的方法，从两个以上的可行性方案中选择一个合理方案的分析判断过程。

管理决策的规范化主要包括四个方面：首先，确定决策的指导原则，即指导管理决策活动的准则。其次，建立专门的决策机构，即有专门的决策机构和承担责任的专职决策人员。专门的决策机构是实现科学决策的组织保证。再次，构建管理决策的民主化机制。随着决策内容的日益复杂、决策速度的不断加快，大学生管理工作的领导者难以独立承担决策的重任。管理决策越来越趋向民主化，以确保决策的正确性、提高决策的效率。最后，严格遵循决策程序。决策程序从制度上规定了论证、评审和决策的方法与过程，是决策科学化的重要措施。在大学生管理的决策过程中，既要做好总体决策，又要结合大学生管理的实际情况做好分段决策。

2. 管理计划的规范化

大学生管理计划就是在决策既定目标的前提下，进一步根据实际情况，科学、及时地制订未来行动方案。

要做到管理计划的规范化，就要规范地进行大学生管理计划的制订、执行和调整。首先，在计划的制订方面，要有规范的信息获取渠道、科学的分析方法、合理的目标分解和有效的综合平衡，并使管理计划得以有效下达。其次，在计划的执行方面，除了按照原有计划执行外，还要让所有相关人员都了解在其执行任务时，一旦遇到突发事件，该怎么处理。此外，还可以建立一个良好的信息沟通系统，确保纵向、横向沟通的顺畅。最后，在计划的调整方面，要根据实际执行情况及时对计划进行调整。

3. 管理组织的规范化

大学生管理组织的规范化主要包括四个方面：首先，根据大学生管理的目标、内容、特点和外部环境划分工作部门，设计组织机构，如建立专门的学生就业管理机构、学生资助管理机构等。其次，根据大学生管理所涉及的具体内容，按专业化分工的原则设立相应的职位，如心理咨询专业人员、计算机系统开发人员等。再次，明确组织机构中的各种职权和职责，做到权责明晰。最后，协调大学生管理组织机构中各方面的关系，使组织机构内部成为一个有机整体。规范化的管理组织，能够让大学生管理人员更加明确在管理过程中的任务、责任、权利以及组织机构中的各方关系，保证组织机构的协调运行、组织目标的全面实现。

4. 管理控制的规范化

大学生管理控制是指对大学生管理的计划、组织等管理活动及其效果进行测量和调控，以确保制订的计划得以实现的有效手段。管理控制是一个动态的发展目标系统，既不能一蹴而就，也不能一劳永逸，需要将规范化的控制贯穿于管理的全过程。

管理控制的规范化主要包括三个方面：首先，确定控制标准，即为实际和预期工作成果的比较提供一个尺度，这是执行管理控制的前提。如果没有控制标准，控制工作也就失去了目的性。其次，衡量偏差，即通过与标准进行比较，对实际执行情况做出客观评价，主要有直接观察、统计分析和例会报告三种形式。最后，纠正偏差，即在衡量工作成效的基础上，根据被控对象相对于标准的偏离程度，及时采取措施予以纠正，使其恢复到预期状态。以上三个方面实际上构成了管理控制的一个运行周期，通过螺旋上升的循环过程，形成了一个完整、规范的反馈控制系统，使偏差不断缩小，从而保证管理活动向目标方向健康发展。

（二）管理模式的多样化分析

大学生管理的多样化模式是高校根据学生的需要，通过多方参与、协同解决的方式提供相应的公共服务与产品，从而确定大学生管理对学生负责的公共责任机制。

多样化的大学生管理模式的特点主要有两个：第一，多样化的大学生管理是一种互动的过程，改变了传统大学生管理模式中以单纯管理为主的工作方式，形成了管理与服务并重的工作方式。第二，多样化的大学生管理主体之间是相互协作的关系，追求公共责任的实现，高校与学生在传统大学生管理模式中的管理与被管理关系变成了相互协作的关系。

目前，大学生管理模式呈现多样化的特点。归结起来，常见的管理模式有“目标—关系型”“系统—过程型”“契约—参与型”和“中心型”四种类型。但在管理模式的应用中，不能生搬硬套，而是要科学把握管理模式多样化的核心要素（内容、对象、方法），结合各高校的实际情况，建立合理有效的管理模式。实现大学生管理模式的多样化要从以下几个方面入手。

1. 管理内容的多样化

构建集管理、教育、咨询和服务于一体的多样化管理。

第一，管理也是教育，大学生管理工作必须坚持管理与教育相结合的原则，发挥制度的引导、约束、规范和教育作用，有意识、有目的、有计划、有组织地促进受教育者的发展。学生日常的教学管理既是一种管理手段，又是一项重要的教育措施。可以通过对课堂、作业、考试、社会实践等的管理，抓好教学管理的各个环节，帮助学生提高综合能力，更好地实现自我价值。管理目的达到了，教育目标就实现了。

第二，充分发挥咨询在学生管理中的作用，采取恰当的方法对学生进行有针对性的教育和疏导，切实解决学生在实际生活中产生的困惑，如为学生提供就业咨询、心理咨询等。

第三，以“服务管理”为突破口，改变过去重管理轻服务的做法，将管理与服务有机地结合起来。

2. 管理对象的多样化

管理对象的多样化要求管理要立足于管理对象的差异性，承认他们在智力、生理、情感和社会背景等方面存在差别。应根据学生的年级、性格等特征进行个性化的教育管理。一方面，根据每个年级的不同特点，每个阶段的管理目标和任务都应有所侧重，管理手段也要有所不同。一般来说，对于大一新生，要着重培养他们的适应能力，把重点放在养成教育上，之后，再有目的地培养他们的学习能力，提升其专业基础知识水平。对于高年级学生，则应以导代管，引导其自我约束、自我管理，重视培养学生的实践能力，使学生在社会实践中得到锻炼。另一方面，学生的特长、兴趣、爱好不一样，发展方向也不一样。在管理中，应充分考虑这些差异，注意个性间的有序协调，多层次、多方位、多渠道地做好学生管理工作，使学生的个性和专长得到充分发展，潜力得到充分挖掘。

3. 管理方法的多样化

大学生管理方法是指在管理活动中为实现管理目标、保证管理活动顺利进行所采取的工作方式。大学生管理方法日渐成熟，已逐渐形成了一个相对完整的管理方法体系，包括法律方法、行政方法、经济方法、教育方法等。不同的方法有不同的特点，也有其特有的适用对象，因此，在大学生管理的具体工作中，应该结合实际情况采取最有效的方法来实现大学生的科学管理。

（三）管理手段的信息化分析

管理手段的信息化主要是指利用信息技术来优化学生管理信息的传递和反馈程序，改变学生管理的组织方式，最终提高学生管理的运行效率。在实际的应用中，管理信息化主要是构建学生管理信息化体系，提供大量的学生信息资源、各种学生管理专用信息系统及其公用通信网络平台等。学生管理手段的信息化主要包括以下几个方面。

1. 日常管理的信息化

大学生的日常管理是一项十分具体、繁杂而又细致的工作，主要涉及学生的基本信息、学籍、学业、奖惩等方面的管理，实现日常管理的信息化能够让大学生管理人员从琐碎的事务处理中脱离出来。

首先，学生基本信息管理的信息化。对学生的基本信息进行方便、快捷、动态的更新、查询、统计等管理。其次，学籍管理的信息化。学籍管理分为基本档案、学籍档案、学生调班、学生分班以及退学办理等部分。可以管理学生的基本信息、学籍变动等情况；可以管理学生在校期间的专业调整和班级调整情况；还可以在新生入学时按照相关条件智能分班。再次，学业管理的信息化。学业管理包括学生选课、成绩录入、统计分析和成绩报表查询四个部分。最后，奖惩管理的信息化。奖惩管理主要包括学生奖励、处罚、考勤以及考评等内容，记录学生在校的行为表现。

2. 管理服务的信息化

目前，不断提高服务质量，丰富服务内容，优化服务形式成为管理的一项重要内容。在信息化时代，利用信息化手段积极开展学生资助服务、学生就业服务、心理咨询服务等是新时代大学生管理的必然要求。

首先，资助服务的信息化。资助服务的信息化主要包括困难补助、奖学金、国家贷款、勤工助学四个方面的内容，以及完成各项资金的计划划拨、申报、审批、发放、查询等工作。其次，就业服务的信息化。就业服务的信息化主要包括毕业生信息、用人单位信息、咨询指导和就业情况统计四大部分。它可以在毕业生和用人单位之间搭建一个桥梁，实现毕业生和用人单位的双向选择，并在此基础上，由就业管理部门和辅导员统计学生就业情况。最后，心理咨询服务的信息化。心理咨询服务的信息化主要包括建设网上测试与咨询系统，让学生通过网络测试自己的健康程度，及时调整自己、平衡心态，同时让受挫折、有心理障碍的学生通过网络进行在线咨询。

3. 思想教育的信息化

随着科学技术特别是信息技术的迅猛发展，高校应积极主动地运用现代科技手段，使正确、积极、健康的思想文化占领网络阵地。一方面，建立集思想性、知识性、趣味性、服务性于一体的主题教育网站或网页，及时发布国内外重大时事，使思想政治教育的内容不仅“进教材、进课堂”，而且“进校园网”，形成网上网下思想政治教育的合力。另一方面，开辟网上专栏，组建一支由水平较高的专家学者、德育教师和学生党员组成的骨干队伍，以平等、热情、友善的态度与大学生网民一起对一些热点问题、敏感问题、有争议的问题开展讨论、交流，宣传党和国家的方针、政策，发布积极健康的信息，宣扬爱国主义、集体主义，帮助学生树立正确的和科学的世界观、人生观、价值观。

在实现管理手段信息化的过程中，必须要有相应的配套支持，如管理业务流程、信息化标准、信息化建设队伍等。否则，管理的信息化进程就会遇到许多管理和协调等方面的问题，既发挥不出信息化的高效率优势，也无法对信息化的质量和效果进行客观的评价，信息化建设取得的成果也就无法充分表现出来。

（四）管理队伍的专业化分析

管理队伍的专业化主要是指学生管理人员在整个管理生涯中，以学生管理为基础，通过专业训练，习得学生管理的专业知识、技能，实现专业自主，表现专业道德，逐步提高管理水平，成为优秀的高校学生管理工作者的成长过程。管理队伍的专业化是高校学生管理工作的重要趋势，对于提高高校管理水平和办学效益有十分重要的意义。管理队伍的专业化主要表现在以下几个方面。

1. 专业化的职业素养

高校学生管理队伍的专业化具有一般管理队伍的特征，但因为其管理对象的特殊性而表现出了具有高校学生管理特征的职业素养。主要体现为以下两点。

第一，掌握高校学生管理工作的相关专业知识和具有从事高校学生管理工作的专业能力。高校学生管理队伍应掌握的专业知识主要包括：系统的科学文化知识，马克思主义理论及教育理论知识，高等教育管理科学的基础知识，现代管理知识，国家法律及行政法规、政策与规划等方面的知识。高校学生管理队伍的专业能力主要包括：语言表达和文字写作能力、教育管理和经营能力、科学研究能力以及创造能力。

第二，工作效率高，工作效果好。这是推进高校学生管理队伍专业化的目的，同时也是衡量高校学生管理队伍专业化程度高低的一个硬指标。专业的职业技能既不完全等同于知识，也不完全等同于文凭，关键在于学生管理者是否掌握并能熟练运用高校学生管理专业知识和技能，管理行为是否专业化。专业的职业素养是管理队伍专业化的前提。

2. 专业化的机制保障

完善的管理机制包括专业化的招聘、培训、薪酬和考核机制四部分。

首先，专业化的招聘制度是建设专业化队伍的入口保障。它可以从源头上保证了高校学生管理队伍与管理岗位的匹配度，体现了招聘的“最适”原则。根据“冰山模型”理论，高校学生管理队伍的招聘考核，除了“冰山上”的相关专业知识和技能外，“冰山下”应聘者的思想素质、职业道德、工作态度更是考核的重点。

其次，专业化的培训机制是建设专业化队伍的成长保障。高校学生管理队伍的培训是一个系统、复杂的工程，是一项长期的工作，要始终坚持全员性、全面性、全程性原则。高校应该把学生管理队伍的培训纳入用人体制中，构建相应的培训制度，并指定专人负责管理。例如，辅导员队伍的专业化，实质就是依托专门机构及终身专业训练体系，对辅导员进行科学的管理和培养，使辅导员掌握从事思想政治教育工作的知识和技能，实现专业自主，体现专业道德，提高自身的学术地位和社会地位，全面有效地履行辅导员职责的过程。

再次，专业化的薪酬体制是建设专业化队伍的动力保障。合理的薪酬体系对高校管理队伍的满意度有积极的影响。高校学生管理队伍的薪酬体系的构建应坚持“对内公平、对外竞争”的原则，结合美国的行为科学家弗雷德里克·赫茨伯格的“激励保健理论”，充分发挥薪酬的“保健”效果，尽量消除工作的不满足因素。

最后，科学合理的考核机制是建设专业化队伍的优化保障。公平合理的绩效考核体制对于提高高校管理人员的工作积极性有重要的促进作用。绩效考核不仅要建立一套科学合理的考核机制来考核高校管理人员的绩效，还应通过考核，形成相关的绩效反馈机制，进而为实现管理人员绩效的改善提供支持。完善的管理机制是管理队伍专业化的保障。

3. 专业化的机构支撑

健全的组织机构是管理队伍专业化的支撑。没有健全的高校学生管理机构，高校学生管理专业化和高校学生管理队伍专业化的实现就成了无源之水、无本之木。同时，组织机构的架构也应相对稳定，只有这样，才利于提高职位的专业化程度。当然，这种稳定性是相对的，稳定并不排斥队伍内部的竞争上岗和定期轮换，更不排斥队伍内部的新陈代谢。因此，应该在高校学生管理的群体组织管理、行为管理、安全管理、资助管理、就业管理等方面设立专业化的部门和队伍，建立健全组织机构，为全面实现管理队伍的专业化提供有力支撑。

二、大学生管理创新的阐释、路径与内容

（一）大学生管理创新的阐释

大学生管理创新是一个系统工程，既要考虑我国的基本国情，又要结合高校自身实际，既要适应社会发展的需要，做到与时俱进，又要通盘考虑高等教育的全过程。

2017 年修订的《普通高等学校学生管理规定》（中华人民共和国教育部令第 41 号）明确规定了大学生管理的基本原则，指出“高等学校要以培养人才为中心，按照国家教育方针，遵循教育规律，不断提高教育质量；要依法治校，从严管理，健全和完善管理制度，规范管理行为；要将管理与加强教育相结合，不断提高管理水平，努力培养社会主义的合格建设者和可靠接班人。”这就体现了育人为本、德育为先的原则，强化了高校的育人功能。《高等学校学生行为准则》更是明确提出了大学生管理的目标：培养大学生“志存高远、坚定信念；热爱祖国，服务人民”的思想政治素质。培养大学生“勤奋学习，自强不息；追求真理，崇尚科学；刻苦钻研，严谨求实”的科学文化素质。培养大学生“积极实践，勇于创新”的创新素质。培养大学生具有“强健体魄，热爱生活”和“诚实守信，严于律己；明礼修身，团结友爱”的身体心理素质。这两个文件从政策的角度回应了高校学生管理工作中出现的新问题，在其指导下，大学生管理工作可以更加有效地应对高等教育体制改革、高校规模扩大、高校后勤社会化以及互联网普及带来的新情况和新问题，使大学生管理工作克服管理理

念落后、管理制度不健全、管理模式滞后、管理手段老化等突出问题，推动新一轮大学生管理的政策创新。

创新指的是以人才为主体开展的创造性智力劳动。创新教育强调创新的理念，将学生创新意识、创新思维和创新能力的培养作为目标，以学生为中心，强调“做中学”，以一个特定的任务为中心，使学生在分组协作中完成任务，让学生参与其中，培养学生分析问题与解决问题的能力。在实践创新方面，全国高校以贯彻落实学生管理新政策为契机，在实际工作中进一步解放了思想，更新了观念，不但确立了全新的大学生管理理念，而且形成了全新的大学生管理原则和模式。

在管理原则方面，全国高校普遍确立了三条基本原则。

第一，始终坚持以人为本、育人为本的学生管理指导思想和原则。2017 年修订的《普通高等学校学生管理规定》（中华人民共和国教育部令第 41 号）是一个完整的制度体系，其中一条主线就是育人为本，它以最大限度地发挥学校教育功能为根本目的和出发点，通过管理育人、服务育人、制度育人的管理形式，全面贯彻国家教育方针，把维护、保障和发展学生权利作为学生管理的最高价值取向，努力促进学生的全面发展，从而顺利完成高等学校培养人才的使命。在高校中，以人为本就是以学生为本。管理只是手段，绝不是最终目的，最终的目的是培养学生。在管理过程中要充分尊重和肯定学生的主体作用，充分信任学生的智慧和潜能，充分激发学生的能动性和创造性，真正做到以学生为本、以育人为本。

第二，始终坚持依法治校、依法管理的学生管理原则。2017 年修订的《普通高等学校学生管理规定》（中华人民共和国教育部令第 41 号）坚持并遵循了“依法治教、依法建章、依法管理”的基本原则，严格依据国家基本法律法规建章立制，充分体现了与《中华人民共和国教育法》《中华人民共和国高等教育法》等有关上位法的承接性关系，具有时代性、创新性、合法性和规范性的制度创新特征，体现了科学化、法制化、人性化和个性化的现代学生管理的总体趋势，并且充分实现了在新形势下对上位法的细化、深化和发展，充分体现了依法治校、依规则规程行事的精神实质。

第三，始终坚持理论联系实际、实事求是的学生管理原则。在深刻领会 2017 年修订的《普通高等学校学生管理规定》（中华人民共和国教育部令第 41 号）的精神实质的基础上，全国各个高校正确分析和判断本校学生管理工作及其制度建设的实际状况，准确定位本校学生管理工作及其制度建设的目标，扬长避短，突出特色，形成个性，充分发挥学校优势，努力形成本校特色的既有共性特征又有个性特点的充满生机与活力的现代高校学生管理制度。各高校在制订管理规定的过程中实事求是，根据本校的具体情况，依据本校的办学目标来制订自己的管理规定，既不盲目攀比，也不千篇一律。

在管理模式方面，全国形成了依法推动管理创新的新趋势。很多高校对本校的学生管理规定进行了精益求精的修改，做到贯彻文件精神而不是照抄内容，从法学专业视角对相关管理文件的语言表述做了调整，把最不易被关注的细节都进行了修订。总体上来看，各个学校新制订的学生管理规定都强调了管理制度的育人功能，使教书育人的行为规范内化为各个条例的自觉要求，实现了行为规范与管理制度创新的“无缝对接”。全国高校实现了以观念创新推动制度创新的工作目标。很多学校在加强学生管理过程中，遵循权利义务、权力求济、形式合理、公平正义、权力制约、普遍奉行六个观念，摒弃工具主义和处罚学生两个观念，有力地推动了制度创新。

理论创新方面，以政策创新为先导，大学生管理研究拓展了研究视域，充实了研究内容。主要研究成果集中在以下四个方面。

第一，在以人为本的管理理念的指引下，一大批理论文章从教育的本质是培养人的活动入手，重新界定大学生管理过程中主体与客体的关系，深入探讨新时代大学生管理工作的新理念问题。提出了以学生为本，尊重学生，培养学生，切实关心学生成长成才，引导学生从他律走向自律，逐步实现自我管理的理论观点。

第二，将依法治国的基本理念引入大学生管理领域，把“法治”作为新时代大学生管理的重要手段，论述了依法管理大学生的必要性和重要性，提出了依法管理学生的理论观点。

第三，加强大学生管理队伍建设的理论研究，深入剖析了当前大学生管理队伍建设中存在的突出问题，探讨了新时代大学生管理队伍的发展趋势，普遍认为专业化是新时期加强和改进大学生管理队伍建设的必由之路。

第四，开展中外高校学生管理工作的比较研究，在对美国和英国等发达资本主义国家的学生事务管理工作进行深入考察和研究的基础上，吸收和借鉴西方国家在“人本”理念指导下，以学生个体为主体、以学生需要为中心、以学生满意为标准、以激发学生潜能为目的、以帮助学生成才为目标的具体做法，不断充实我国大学生管理工作的内容，提高管理、服务、咨询、指导水平。随着研究的不断深入，大学生管理理论研究已涉及管理理念、管理对象、管理模式、管理体制、管理队伍、比较研究等多个层面，大学生管理理论已见雏形，理论创新与实践创新的有效互动，从整体上推动了大学生管理工作水平的提升。

（二）大学生管理创新的路径

新时代大学生管理创新要通过引导学生实现自我管理、探索网络信息化管理以及加强管理队伍建设三条路径来实现。

第一，以学生为本，引导学生实现自我管理，推进大学生管理创新。

没有管理的教育和没有教育的管理都是无力的。教育离不开管理，管理是为了教育。这就是以人为本的大学管理工作的全新辩证法。正是因为大学生管理工作与人才培养的这种特殊关系，使得大学生管理创新的路径有别于一般管理工作。它客观上要求将全新的管理理念作为指导。理念是反映对象深层次本质和规律的观念。教育理念是关于教育基本问题的深层次本质和规律的观念，具有理想性、持续性、统合性和范式性的特点。新时期的大学生管理理念要契合科学发展观的价值尺度，追求以人为本的管理。以人为本的实质就是尊重学生的发展特点和规律，尊重学生的人格个性，创建学生思想政治教育的良好环境，建构和谐的师生关系，培养素质全面、个性鲜明的创新人才；其关键是要发挥学生的主体性，尊重学生的学习需求，使思想政治教育活动忠于教育的内涵，对不同的学生施以不同的教育，使学生的潜能得到充分的发挥，形成一种积极向上的内在力量。

开展大学生管理工作不是管理人、约束人、控制人，而是创造条件培养人，通过有效的培养发展人。在这种方式中，学生既是管理者，又是被管理者，学生在这种角色转换中大大提高了自我管理的积极性，特别是增强了学生的自我约束、自我管制能力，在学习知识的同时锻炼了自己，既“学到了知识”，又“学会了做人”，增强了学生的主体意识和责任感。

第二，利用网络实行信息化管理，推进大学生管理创新。

在创新管理方式、方法和手段的过程中，要注重利用网络实行信息化管理，充分利用现代科学技术手段，针对不同时期大学生管理发展的新情况和新趋势，开发管理平台，整合管理资源，实现网络化、数字化管理。通过网络实现信息化管理，能够使管理方式变封闭式管理为开放式管理，进一步加强管理与思想政治教育的融合、与学分制等学校管理制度的配合以及与社会管理的结合。同时，通过网络实现信息化管理，也是促使大学生管理变单一管理为综合管理，把管理与服务紧密结合起来，以服务促管理的有效途径。在管理方法创新方面，要充分发挥网络虚拟互动平台的作用，实现师生有效互动，变说教为参与、变灌输为交流、变命令为引导，创造学生主动参与的全新工作局面。同时，在管理手段创新方面，当前最为重要的是通过网络信息化实现法制化的规范管理，建立合理的程序机制。

第三，加强管理队伍建设，推进大学生管理创新。

加强学生管理队伍建设是管理工作顺利开展的重要保障。随着新时期社会形势的变化，高校学生工作也发生了许多变化。学生工作的一些职能转化了，一些职能弱化了，还有一些职能需要强化。学生工作由过去重管理向现在重教育、咨询、服务转化。心理健康教育、经济困难学生资助、助学贷款、就业指导等学生工作职能必须得到强化才能适应形势需要。

同时，大学生群体的思想问题和实际问题也更加复杂化、多样化，这就需要管理队伍凭借智慧、知识和技能形成“专家化”的本领。所以，从大学生管理工作的发展趋势来看，高校学生管理队伍必须走专业化道路。就当前大学生管理队伍而言，虽然在政治素养、敬业精神、个人品德上是合格的，但在驾驭、解决实际问题的能力和本领上还与现实要求有较大差距，在不同程度上存在着“本领恐慌”。一些管理工作者带着固有的陈旧观念和思维定式面对学生，不了解、也不理解当代学生与以往迥然有别的内心世界和真实想法，甚至在语言上都难以与学生沟通，形成了代沟和隔膜。

一些管理工作者虽充满热情，但缺乏相关的基本训练和专业知识，甚至在信息的获取和熟悉上还不及学生，难以为学生提供真正有效的指导。显而易见，“本领恐慌”状态下与学生产生的隔膜，解决不了学生面对的实际困难，也解决不了学生的思想问题。因此，需要有专职从事学生管理工作的人，通过专业方式担当起新时期学生管理工作的重任，以工作的专业化带动队伍的专家化。要超常规选拔人才，高起点聚合精英，不拘一格，广纳贤才，组建一支数量足、素质高、业务精、能力强的专业化学生管理队伍。

（三）大学生管理创新的内容

第一，突出大学生管理中的育人功能。

大学生管理并不是为了管理而管理，而是为实现国家培养人才的目标而服务的。从这个意义上讲，大学生管理的目的就是培养国家需要的德、智、体、美全面发展的人才，管理的目的就是育人。因此，大学生管理创新应充分重视育人功能的发挥，突出以育人为目的和指向的管理内容。以育人为目的和指向的管理内容一方面应体现在大学生管理过程中的人、财、物等资源配置的方方面面，另一方面更应体现在对大学生进行教务管理、安全管理、行为管理、群体组织管理、就业管理、资助管理等学校各部门分属管理的方方面面。只有在这些方面充分发挥管理中的育人功能，才能实现大学生管理的创新。这就需要在大学生管理中处理好管理与思想政治教育的关系，将大学生管理与思想政治教育有机地结合起来，自觉地遵循教育规律，重视发挥思想政治教育在帮助大学生树立正确的世界观、人生观和价值观方面的作用，实现科学管理和有效管理。

第二，完善大学生管理中的规章制度。

大学生管理创新只有形成基本的管理规章制度，长期坚持，不断完善，才能推动管理工作不断获得新发展。大学生管理工作要创新，必须将科学高效的工作规章制度作为基础的客观保证。在规章制度建设方面，除了国家制度层面的保障外，高校自身也必须努力创新学生管理工作制度，真正在学生管理领域形成一套宽容有序、落实有力、鼓励创新的工作制度，为学生管理工作走上创新之路提供可靠的保证。因此，大学生管理要树立依法治校、依法治教的法治观念，通过正当程序控制学生管理过程，规范权力运行程序，彻底避免学生管理运行的无序性、偶然性和随意性，保证管理行为的合法性和高效性。

第三，健全大学生管理中的服务体系。

大学生管理的对象是青年大学生群体，不仅涉及大学生的生活、学习，而且涉及大学生的社会实践和求职就业等内容。大学生活动的范围、领域、内容、目的都随着时代的发展和变化而不断呈现出新的发展和变化，影响大学生的各种因素也相对复杂。这就要求大学生管理不能只是管理者的管理、单纯的事务性的管理，而应是作为被管理者的青年大学生主动参与的管理、全方位的服务性的管理。因此，大学生管理要健全管理运行中的服务体系，积极完善管理中的服务软件和硬件体系。一方面，进一步解放思想，深化对管理的认识，树立服务意识和服务观念，在大学生管理中不断提升服务水平，营造管理育人、教书育人、服务育人的各部门齐抓共管的良好局面。另一方面，要加大投入和研发力度，充分利用网络信息技术平台，建立网络化、信息化、一体化的教务、安全、就业等服务平台，引导大学生主动参与管理，最终实现自我教育、自我管理和自我服务。

参考文献

[1] 侯瑞刚．新时代高校学生管理工作创新研究 [M]．北京：中国水利水电出版社，2019.

[2] 王瑛．高校学生管理创新模式研究 [M]．长春：吉林大学出版社，2016.

[3] 迟毓凯．学生管理的心理学智慧 [M]. 2 版．上海：华东师范大学出版社，2016.

[4] 王文婷．高校学生事务管理理论与实践探究 [M]．北京：中国纺织出版社，2018.

[5] 彭红．艺术院校思想政治理论实践课教学模式研究 [M]．北京：北京理工大学出版社，2016.

[6] 张大均，吴明霞．大学生心理健康 [M]．2 版．北京：清华大学出版社，2019.

[7] 赵雪莲．大学生心理健康教育实务 [M]．北京：清华大学出版社，2017.

[8] 张琦美．宿舍文化对大学生成长的影响研究 [D]．哈尔滨：哈尔滨理工大学，2017.

[9] 张萍．宿舍文化建设对大学生学习效果影响研究 [D]．西安：西安工业大学，2017.

[10] 贾宏宇．艺术院校大学生艺德教育研究 [D]．长春：长春理工大学，2017.

[11] 侯钰．艺术类高校学生管理存在的问题及对策分析 [D]．沈阳：沈阳师范大学，2016.

[12] 汪菊．艺术类大学生的思想政治教育现状与对策研究 [D]．合肥：安徽农业大学，2016.

[13] 郭文瑾．影响大学生宿舍文化的因素研究 [D]．太原：山西大学，2016．

[14] 安怡．艺术类大学生思想政治教育研究 [D]．咸阳：西北农林科技大学，2016．

[15] 宗芸芸．当代大学生人文素质培养研究 [D]．西安：陕西科技大学，2016．

[16] 熊会芳．当代大学生积极心理品质现状及其培育路径研究 [D]．长沙：长沙理工大学，2016．

[17] 赵频．思想政治教育视野下高校宿舍文化建设研究 [D]．太原：中北大学，2016．

[18] 孙冠宇．艺术类高校大学生管理问题与对策研究 [D]．长春：吉林大学，2016．

[19] 赵兰．高等院校学生公寓管理创新研究 [D]．成都：西南交通大学，2015．

[20] 肖晓阳．沈阳音乐学院学生管理问题研究 [D]．长春：吉林大学，2015．

[21] 赵贺男．艺术专业大学生思想道德素质教育创新研究 [D]．长春：东北师范大学，2015．

[22] 赵丁丁．高校艺术类大学生思想政治教育实效性研究 [D]．太原：中北大学，2015．

[23] 王芳芳．大学生的人格特质与心理幸福感的关系研究 [D]．南京：南京邮电大学，2015．

[24] 孙婷．就业视角下艺术类大学生思想政治教育研究 [D]．西安：西安工业大学，2014．

[25] 戚晔．音乐类大学生人格养成教育研究 [D]．长春：长春理工大学，2014．

[26] 尹振永．艺术类大学生思想政治教育的现状及对策研究 [D]．重庆：西南大学，2013．

[27] 孟科．艺术类高校学生心理健康信息系统的设计与实现 [D]．厦门：厦门大学，2013．

[28] 张媛．艺术类大学生思想政治教育实效性研究 [D]．西安：西安工业大学，2013．

[29] 史圣洁．艺术类院校大学生思想政治教育有效性研究 [D]．太原：太原理工大学，2013．

[30] 宁一伟．论艺术类大学生人文素质的培养 [D]．上海：复旦大学，2012．

[31] 王昀．高校宿舍文化建设研究 [D]．上海：上海师范大学，2012．

[32] 杨希．我国艺术类大学生德育方法的有效性探析 [D]．北京：首都经济贸易大学，2012．